# Come sanamente

Grupo Editorial Tomo, S. A. de C. V.
Nicolás San Juan 1043,
03100 México, D. F.

Todas las recetas han sido probadas dos veces por nuestro equipo de economistas domésticos. Cuando probamos nuestras recetas, las evaluamos en cuanto al grado de dificultad de su preparación. Las siguientes categorías aparecen en el libro, haciendo su uso más fácil y comprensible.

Un solo símbolo indica que la receta es muy sencilla y generalmente fácil de hacer, perfecta para principiantes.

Dos símbolos indican que se necesita un poco más de tiempo y cuidado para hacer la receta.

Tres símbolos indican platillos especiales, que necesitan una inversión mayor de tiempo, cuidado y paciencia; pero los resultados lo valen.

1a. edición, septiembre 2004


Nicolás San Juan 1043, Col. Del Valle 03100 México, D. F.
Tels.: 5575-6615, 5575-8701 y 5575-0186 Fax: 5575-6695
http: //www.grupotomo.com.mx
ISBN: 970-775-027-8
Miembro de la Cámara Nacional
de la Industria Editorial No. 2961

Traducción: Ivonne Saíd Marínez
Diseño de portada: Emigdio Guevara
Formación tipográfica: Servicios Editoriales Aguirre, S. C.
Supervisor de producción: Leonardo Figueroa



Impreso en México – Printed in Mexico

# CONTENIDO

*Pollo con limón y verduras rostizadas, página 46.*

*Ensalada de fruta con infusión de jengibre y limoncillo, página 34.*

# COME SANAMENTE POR EL RESTO DE TU VIDA

**Este libro no es una guía para que bajes 5kg en 5 días; está diseñado para ayudarte a balancear tus alimentos para siempre.**

Llevar un estilo de vida sano no significa desayunar, comer y cenar germen de frijol y tofu y tampoco significa dejar para siempre los antojos. El secreto es consumir proporciones adecuadas de una amplia variedad de alimentos. Lo que importa es la ingesta de alimentos durante todo el día, no sólo en una comida. Míralo de este modo: el sandwich integral de queso panela que comiste a mediodía significa que puedes comer una rebanada de pastel sin tanto remordimiento.

## LA PIRÁMIDE DE LA DIETA SANA

Consumir alimentos en las proporciones adecuadas se ilustra mejor por medio de la "pirámide" de la dieta sana (ver página siguiente). La pirámide muestra el tipo de alimentos que debes comer en mayores cantidades, moderadamente o en menores cantidades y en proporciones adecuadas para que obtengas un buen balance de nutrientes (carbohidratos, grasas, proteínas, fibra, minerales y vitaminas). Consumir los diferentes alimentos dentro de cada grupo aumenta la posibilidad de obtener una amplia variedad de nutrientes –lo que falta en algunos alimentos se encuentra en grandes cantidades en otros.

## ¿CÓMO AYUDAN LAS TÉCNICAS PARA COCINAR?

Elegir un alimento nutritivo es sólo un aspecto de llevar un estilo de vida saludable. No se trata nada más de sustituir un producto refinado por otro más natural. Por ejemplo, cuando vayas a preparar arroz frito, reemplaza el arroz blanco refinado por arroz integral (por la fibra). Infortunadamente, aunque tengas las mejores intenciones, tu cuerpo no ignora la grasa del jamón y el aceite que consumes al mismo tiempo. No toda la grasa es "mala," lo que ocasiona problemas es el exceso en el consumo del tipo incorrecto de grasa. La buena noticia es que también tiene solución si sigues unos consejos como quitarle la grasa al jamón al freírlo en un sartén antiadherente –el contenido de grasa del jamón es suficiente para dorarlo. Las técnicas de cocimiento son una herramienta importante para mantener el sabor de la comida sin añadir más grasa. Sigue los siguientes consejos cuando cocines.

- usa sartenes y ollas antiadherentes porque casi no se necesita aceite
- rocía los moldes, sartenes para freír y la comida con aceite en aerosol, así reduces la necesidad de añadir aceite
- cuece al vapor las verduras para mantener la mayoría de los nutrientes y su color
- cocina los platillos fritos con poca cantidad de aceite
- cuece a la parrilla la carne para que sea baja en grasa y con mucho sabor
- hornea los platillos que se fríen en mucho aceite (como el pollo frito y los nuggets) y así usas menor cantidad de grasa

### ¿QUÉ BENEFICIOS OBTIENES DE UNA DIETA SALUDABLE?

- aumento de energía
- ayuda a mantener tu peso corporal adecuado
- reduce el riesgo de muchos problemas de salud
- mejora tu capacidad para manejar el estrés
- ayuda a mantener niveles normales de colesterol y azúcar en la sangre
- mantiene sano a tu sistema inmunológico

### LINEAMIENTOS PARA LA DIETA

- consume una amplia variedad de alimentos nutritivos, de diferentes colores, formas y texturas
- come panes y cereales integrales, frutas, verduras y legumbres
- lleva una dieta baja en grasas, en particular de grasas saturadas
- haz ejercicio regularmente
- limita tu ingesta de alcohol
- consume cantidades moderadas de azúcar y de alimentos que la contengan
- usa sal de vez en cuando y elige alimentos bajos en sales
- come alimentos ricos en calcio (para que tus huesos y dientes permanezcan sanos)
- come alimentos que contengan hierro

El ejercicio es un aspecto tan importante de comer sanamente como los hábitos alimenticios saludables. Ayuda a aumentar tu energía, a mantener buenos niveles de colesterol y a acelerar tu metabolismo, lo cual facilita la quema de grasa acumulada y que se convierta en energía. Para la mayoría de las personas, la carrera diaria por la supervivencia no es suficiente para quemar el exceso de grasa de la dieta y la cantidad extra se almacena como grasa corporal. Cuando el ejercicio se combina con una menor ingesta de grasa, el cuerpo utiliza la que tiene acumulada y la convierte en energía.

Recuerda que una dieta sana no es cuestión de llevar una dieta "extrema." Es cuestión de decidirte a comer lo mejor de todo en proporciones adecuadas. Las dietas extremas se inclinan por un nutriente en lugar de otro y así no proporcionan al cuerpo algo que necesita.

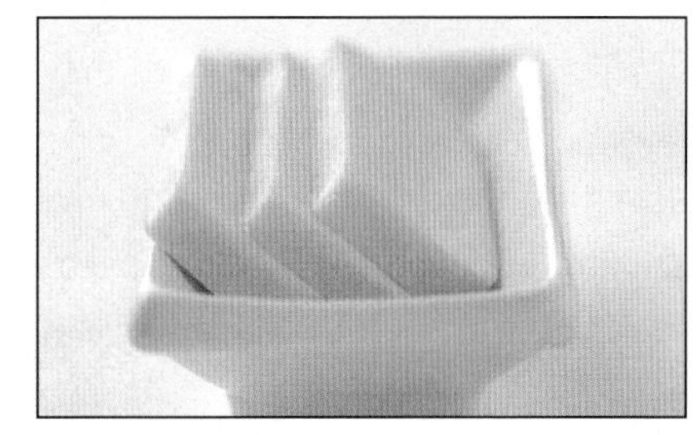

**CONSUME MENOS**
Azúcar, mantequilla, sal

**CONSUME MODERADAMENTE**
Huevo, leche, queso, carne, aves, nueces

**CONSUME MUCHO**
Pan y cereal integral, frutas, verduras, pescado

# AUMENTA TU ALACENA

**Disfruta de la cocina saludable con ingredientes como los siguientes.**

VERDURAS ASIÁTICAS (BRÓCOLI CHINO, COL BOK CHOY, CHOY SUM)
Los chinos han usado verduras verdes como parte de su alimentación y de su medicina desde el siglo V. Al parecer son benéficas para el sistema inmunológico pues contienen vitaminas y minerales-potasio, calcio, magnesio, beta-caroteno, vitamina C, folato y otras vitaminas B. Es mejor consumirlas crudas, cocerlas en el microondas o en stir-fry para obtener importantes nutrientes.

COUS COUS
Es un producto de trigo bajo en grasa, rico en carbohidratos (almidón) y contiene niacina, ácido pantoténico y folato. Es una alternativa al arroz y la pasta.

ECHALOTE
Es un miembro de la familia de la cebolla y tiene actividades antibacteriales, se usa para combatir infecciones de pecho y para limpiar los conductos nasales. Tiene mucho sabor y pocas calorías, contiene vitamina C y algo de vitaminas B y minerales. Es buena fuente de beta-caroteno y magnesio.

NOODLES FRESCOS DE ARROZ
Se hacen a partir de una masa delgada de harina de arroz cocida al vapor, se engrasan y se empaquetan listos para usarse. Se consiguen gruesos o delgados o en hojas que se cortan al ancho deseado. Son bajos en grasa y contienen carbohidratos de digestión prolongada –de manera que no aumentan los niveles de azúcar en la sangre como el arroz hervido. Son una opción para diabéticos.

MIJO
No contiene gluten y por eso es adecuado para personas intolerantes al gluten. Es fuente de potasio, fósforo y silica (dos minerales buenos para mantener piel, cabello, uñas y dientes sanos). Es bajo en grasa y rico en carbohidratos. Algunos naturópatas afirman que ocasiona menos problemas de indigestión y flatulencia que otros granos.

MIRIN
Es un vino japonés dulce para cocinar, de baja graduación alcohólica, está hecho de arroz apelmazado y se usa para marinadas, glaceados y platillos hervidos. Es menos probable que ocasione asma o migrañas que el vino tinto (en caso de que se consuma vino de arroz en lugar de vino tinto, no usado en la cocina). El contenido de alcohol se elimina durante la cocción, sólo queda el sabor.

Cebada

Hongos porcini

Hongos shiitake

CEBADA

Es un grano muy saludable que contiene carbohidratos de digestión prolongada y fibra soluble, por lo tanto, tiene un bajo índice glucémico. Comer cebada regularmente ayuda a controlar los niveles de azúcar en la sangre en personas diabéticas y a disminuir los niveles de colesterol en la sangre. Puede consumirse en lugar de arroz o mezclar la mitad de arroz y la mitad de cebada. Contiene más magnesio, tiamina y niacina que el arroz y proporciona folato y selenio. Se utiliza para tratar infecciones del tracto urinario.

POLENTA

Es buena para personas que padecen intolerancia al gluten pues no lo contiene. Es bajo en grasa y sodio, fuente de potasio, vitamina A, beta-caroteno, tiamina y magnesio.

HONGOS PORCINI

Se usan en la cocina italiana y francesa. Se consiguen frescos o deshidratados, los cuales se remojan en agua caliente y se enjuagan antes de usarse –el líquido de remojo se usa para agregar sabor al platillo. Su sabor es parecido al de la carne, añade calorías y no grasa. Proporcionan potasio, fósforo y selenio.

NOODLES SHANGHAI

Son de color pálido, de textura suave y se espolvorean con harina para que no se peguen. Contienen poca grasa y menos gluten, su textura es más suave que la de los noodles hechos de harina de trigo durum. Proporcionan vitamina A, magnesio y selenio.

HONGOS SHIITAKE

Tradicionalmente se usaban con propósitos medicinales en Japón y China para tratar la depresión o ayudar en infecciones inmunológicas. Igual que los porcini, el líquido de remojo se usa como caldo para dar sabor. Son fuente de folato, ácido pantoténico, potasio y selenio.

ACELGA

Proporciona calcio, hierro y es buena fuente de beta-caroteno (antioxidante) y folato. Contiene otros componentes vegetales benéficos que ayudan a la función inmunológica o a la protección contra el cáncer si se consume de manera regular como parte de una dieta baja en grasa y con muchas verduras y frutas. Igual que otras verduras de hoja verde oscuro es buena si quieres embarazarte (por el folato) o quieres reducir el riesgo de cáncer.

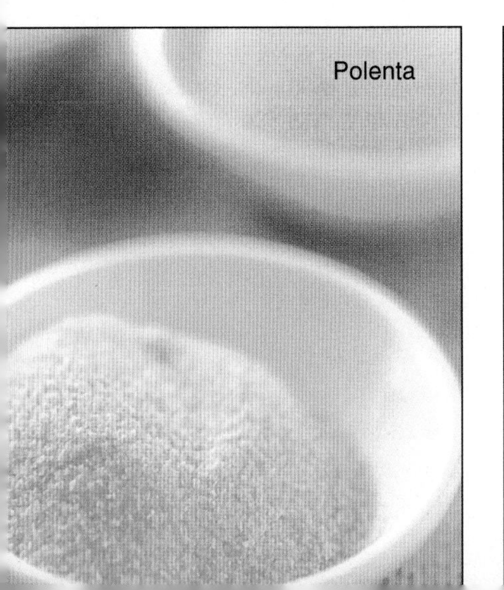
Polenta

Noodles Shanghai

Acelga

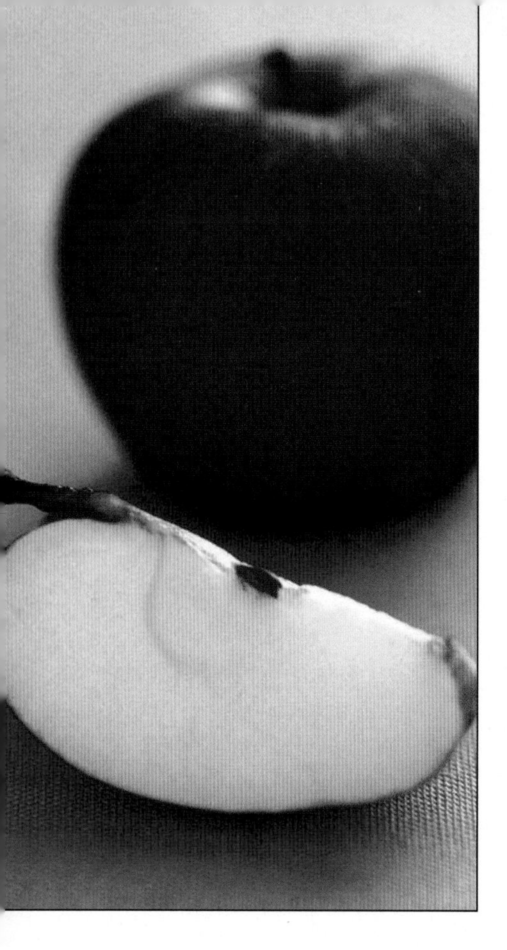

# FIBRA

**La fibra dietética se compone de la celulosa y la resina presente en las frutas, verduras, granos, nueces y legumbres –los productos animales no contienen fibra. Es importante para la salud y asegura un funcionamiento digestivo adecuado.**

Existen muchos conceptos erróneos en cuanto al consumo y los beneficios de la fibra. A medida que mucha gente optó por consumir "alimentos sanos," se pensó que en la dieta se necesitaban grandes cantidades de fibra, como salvado. Algunas de las fibras consumidas eran desagradables y quizá por esa razón, los alimentos saludables se ganaron la reputación de ser nutritivos pero era un sacrificio comerlos.

Ahora sabemos que esta percepción está totalmente equivocada gracias al conocimiento adquirido durante los últimos años.

La fibra se encuentra en muchos alimentos que consumimos todos los días, de manera que no es necesario agregarla a otros alimentos y en realidad, puede inhibir la absorción de minerales (como el hierro). No olvides comer diferentes tipos de alimentos que contengan fibra para que obtengas los beneficios de salud que proporciona.

## FIBRA SOLUBLE E INSOLUBLE

La fibra es la parte de las plantas que no se digiere y se encuentra en la piel, semillas y cáscara. La fibra dietética se clasifica como soluble e insoluble.

La soluble se encuentra en grandes cantidades en legumbres, avena, cebada y en casi todas las frutas y verduras. Tiene consistencia de gel y tiende a disminuir el tiempo de digestión, lo cual previene que aumenten los niveles de azúcar en la sangre –es muy importante para los diabéticos. Si se consume de manera regular ayuda a disminuir los niveles de colesterol en la sangre.

La insoluble se encuentra en la piel de las frutas y verduras y en la cáscara de los granos.

Los granos enteros (en especial el trigo y el arroz), las verduras y las nueces son fuentes ricas en fibra insoluble. La fibra insoluble pasa a lo largo del tracto digestivo sin modificarse y eso ayuda a que la comida pase por el intestino y así se mantienen sanos.

## FUENTES

Entre los alimentos que proporcionan ambos tipos de fibra se encuentran las manzanas, frutas secas y granos enteros. Es importante incluir diferentes tipos de fibra soluble e insoluble en la dieta porque cada uno cumple una función diferente.

- Fibra soluble

Avena, cebada, frijoles, pectina, psyllium, fruta con cáscara (como manzana), cítri-

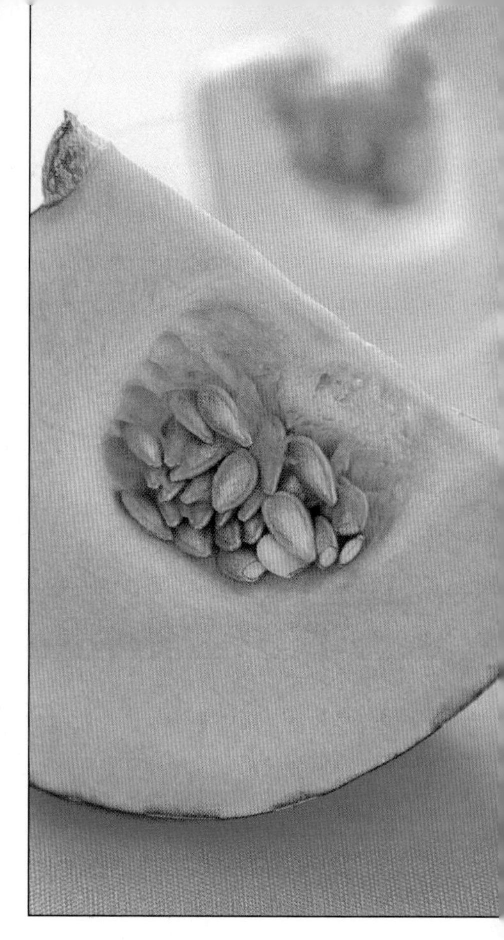

cos, remolacha, soya y frijoles mungo, garbanzos, lentejas y alga marina.

• Fibra insoluble
Cereales de grano entero, fruta seca, coles, legumbres, granos, verduras, fruta, salvado de trigo, tubérculos, calabaza, arroz y pasta integrales, bulgur, trigo sarraceno.

## BENEFICIOS

Una dieta rica en fibra aporta muchos beneficios. La insoluble es importante para prevenir el estreñimiento porque aumenta el tamaño de las heces y hace que su expulsión sea más fácil.

No sólo es importante para las funciones corporales, sino que también ayuda a disminuir el colesterol, lo cual previene enfermedades cardiacas, y reduce la incidencia de estreñimiento y hemorroides (con lo que previene desórdenes intestinales y cáncer).

Mientras menos refinada sea la fuente de fibra es más efectiva para mejorar la salud gastrointestinal.

En lo referente a la ingesta de fibra, los vegetarianos tienen una ventaja sobre los carnívoros pues gran parte de la dieta vegetariana, como cereales, frijoles, frutas y verduras, es rica en fibra.

Lo importante es consumir una amplia variedad de alimentos y así asegurar la ingesta de fibra dietética, soluble e insoluble.

## DEFICIENCIA

Las dietas que carecen de cereales enteros ricos en fibra y frutas y verduras frescas son ricas en alimentos refinados, los productos ricos en grasa animal (que no contienen fibra) aumentan el riesgo de diabetes, enfermedades cardiovasculares, diverticuitis y cáncer intestinal y rectal. De manera que si en tu familia existe un historial médico de cualquiera de los problemas anteriores trata que las frutas, las verduras y los alimentos ricos en fibra sean parte importante de tu dieta.

## INGESTA DIARIA

Los nutriólogos recomiendan una ingesta de 30 a 40g de fibra diaria (aunque casi toda la gente consume menos de 20g). Una porción típica de granos, frutas o verduras contiene entre 1 y 3g de fibra dietética. Para obtener los niveles recomendados debes consumir diariamente por lo menos 10 porciones o más de alimentos ricos en fibra.

## CONSEJOS

• Procura no pelar las frutas ni las verduras, como manzanas y papas.
• Consume piezas enteras de fruta y verdura más que en forma de jugo.
• Elige productos de grano entero como pan, cereales, pasta y arroz integrales.
• Bebe mucho agua al día para obtener todos los beneficios de la fibra (se recomiendan 8 vasos diarios).
• Come fruta fresca o deshidratada en lugar de galletas y pasteles.

# CARBOHIDRATOS

**Son la principal fuente de energía del cuerpo y deben constituir entre el 50 y el 60% de tu dieta. Su función es esencial pues proporcionan combustible para los músculos y para el cerebro. Los carbohidratos presentes en los alimentos contienen diferentes almidones y azúcares que se encuentran en granos y sus productos, legumbres, frutas y verduras con almidón.**

## ¿QUÉ SON?

Están presentes en los alimentos en forma de almidones y azúcares, ambos se convierten en glucosa en el cuerpo. El intestino absorbe la glucosa, pasa al torrente sanguíneo y llega al cerebro y otros órganos y tejidos. La glucosa es absorbida por las células donde se utiliza como combustible o se almacena como glucógeno (en los músculos y el hígado) para utilizarlo entre la ingesta de alimentos y al hacer ejercicio.

Se clasifican en tres grupos: azúcares, almidones y fibras. Antes se clasificaban como "simples" y "complejos" pero sólo se refería a su estructura física. Casi dos décadas de estudios han demostrado que dichos términos no son exactos.

### INGESTA DIARIA

Las autoridades de salud recomiendan que entre el 50 y el 60% de la ingesta calórica diaria sea de carbohidratos. La cantidad necesaria depende de tu peso y tu nivel de actividad.

| Nivel de actividad | Ejercicio constante | Carbohidratos/kg de peso corporal al día |
|---|---|---|
| Bajo | < 1 hora diaria | 4.0-4.5g |
| Bajo-moderado | 1 hora diaria | 4.5-5.5g |
| Moderado | 1-2 horas diarias | 5.5-6.5g |
| Moderado-pesado | 2-4 horas diarias | 6.5-7.5g |
| Pesado | 4-5 horas diarias | 7.5-8.5g |

Ejemplo: Un hombre que pesa 90kg y hace menos de 1 hora de ejercicio continuo por día necesita entre 360-405g de carbohidratos al día.

Los científicos utilizan los siguientes términos:

CARBOHIDRATOS DISPONIBLES
Se refiere a azúcares y a casi todos los almidones que son digeridos y absorbidos en el intestino delgado. Pueden separarse de acuerdo a la velocidad a la que son digeridos, lo cual determina la rapidez con la que afectan el nivel de azúcar (glucosa) en la sangre después de comer –ya sea de digestión rápida (de liberación rápida o alto índice glucémico) o de digestión lenta (de liberación lenta o bajo índice glucémico).

CARBOHIDRATOS NO DISPONIBLES
Se refiere a la fibra y el almidón resistentes que no son digeridos o absorbidos en el intestino delgado.

ÍNDICE GLUCÉMICO
Los carbohidratos de índice glucémico (IG) bajo se digieren a menor velocidad y liberan glucosa al torrente sanguíneo a una velocidad que asegura que el nivel de azúcar en la sangre no se eleve tanto. Estos carbohidratos de IG bajo son más saludables.

Nuestros ancestros consumían muchos carbohidratos de IG bajo (tubérculos, legumbres, granos enteros), pero los avan-

ces en el procesamiento de los alimentos y el uso de harinas muy refinadas significa que ahora muchos alimentos con almidón tienen un valor IG alto (hojuelas de maíz, pasteles de arroz, pan blanco). Sabemos que el consumo prolongado de una dieta con un IG alto aumenta el riesgo de desarrollar enfermedades cardiacas, diabetes y cáncer. También hace que el cuerpo almacene más grasa. La organización mundial de la salud recomienda:

- consumir más carbohidratos de IG bajo
- que la industria de los alimentos fabrique más panes y cereales de IG bajo
- que se especifiquen valores del IG en las etiquetas de información nutricional de los alimentos.

Los alimentos ricos en carbohidratos con IG bajo, en particular los que son menos refinados y/o ricos en fibra, se digieren a velocidad relativamente baja, mantienen los niveles de azúcar en la sangre por encima de los niveles de ayuno durante más tiempo y quitan la sensación de hambre por más tiempo que los alimentos con un IG alto. También te mantienen más alerta que la misma proporción calórica de un alimento con IG alto.

En cuanto al azúcar, los nutriólogos no están tan en contra como antes. El azúcar se encuentra de manera natural en los alimentos o es añadida y, gracias a que tiene buen sabor y no tiene tantas calorías por gramo como la grasa, puede ayudar a la gente a llevar una dieta baja en grasa, pero es importante no consumir más de la necesaria. Elige fuentes saludables de endulzantes en lugar de alimentos y bebidas dulces menos nutritivos para que obtengas más nutrientes.

La grasa de los alimentos sólidos (como en galletas y chocolate) puede evitar que notemos su contenido de azúcar pues la grasa evita que parte del azúcar se disuelva en las papilas gustativas.

## ALIMENTOS RICOS EN CARBOHIDRATOS

Pan, fruta fresca y seca, maíz, muesli, polenta, cous cous, pasta, lenteja, avena, frijol cocido, moras, arroz, noodles, plátano, calabaza, papa, yogurt y verduras.

## BENEFICIOS

Los carbohidratos de almidón añaden sustancia a la comida y te quitan el hambre por más tiempo. Elige los carbohidratos menos refinados y más nutritivos (con IG bajo).

El pan de grano entero y los cereales sin procesar (avena o muesli) son importantes como desayuno porque quitan el hambre por más tiempo, te hacen sentir alerta y productivo durante el día.

## DEFICIENCIA

Recientemente se han promovido dietas bajas en carbohidratos, ricas en proteínas y en grasa para bajar de peso. Si reduces drásticamente la ingesta de carbohidratos estás forzando a tu cuerpo a que agote sus reservas de grasa y proteínas, de manera que bajas de peso.

Estas dietas reducen la ingesta calórica normal en un 30% o más y bajas de peso rápidamente en un inicio. Esta pérdida es en su mayoría agua liberada de los músculos y del hígado a medida que utilizas el glucógeno almacenado –si tu ingesta calórica disminuye demasiado también pierdes músculos. La falta de carbohidratos ocasiona mareos, náusea, falta de concentración, cansancio, falta de energía e irritabilidad.

## INGESTA EXCESIVA

Si consumes mucha comida en general, ya sea de grasas o carbohidratos, aumenta tu grasa corporal. Comer demasiados carbohidratos evita que utilices la grasa como combustible. El cuerpo tiene menos espacio para almacenar carbohidratos que grasa, de manera que primero quema el exceso de carbohidratos.

## CONSEJOS

- Todos los carbohidratos tienen menos de la mitad de calorías por gramo que la grasa dietética.
- Las frutas frescas o secas son dulces y ricas en azúcar, pero también contienen fibra.
- Evita consumir azúcar procesada sin valor nutricional (casi siempre contiene mucha grasa y se encuentra en las botanas).

# GRASAS

**Son la fuente más concentrada de energía. Contienen 37 kilojoules por gramo, más del doble de kilojoules que contienen los carbohidratos y las proteínas. Aunque es importante que no consumamos mucha grasa, sí debemos consumir una buena cantidad de grasas de buena calidad.**

## ¿CUÁL ES SU FUNCIÓN?

Todos necesitamos cierta cantidad de grasa en el cuerpo para ayudar al crecimiento y desarrollo. La grasa proporciona y aumenta la absorción de las vitaminas liposolubles A, D, E K y participa en la conversión de beta-caroteno en vitamina A. También aporta ácidos grasos esenciales necesarios para el cerebro, los nervios, las membranas celulares, muchas hormonas y para proteger órganos internos.

## DIFERENTES TIPOS

Existen tres tipos principales de grasa: saturada, mono no-saturada y poli no-saturada.

• Las grasas **saturadas** son las responsables de la mala reputación de las grasas alimenticias. Son sólidas a temperatura ambiente y se derivan principalmente de fuentes animales -carne y productos lácteos -aunque también están presentes en aceites de coco y de palmera. El cuerpo las utiliza para almacenamiento, aislamiento y energía o calor para el cuerpo. El exceso en el consumo de estas grasas tiende a aumentar el nivel de colesterol sanguíneo y a ocasionar depósitos de grasa en las arterias y vasos sanguíneos. Lo anterior causa endurecimiento de las arterias, aumento de la presión sanguínea y la formación de coágulos –lo cual incrementa en gran medida el riesgo de enfermedades cardiacas e infartos.

Las mejores son las grasas no-saturadas, son líquidas a temperatura ambiente y se derivan de fuentes vegetales, de nueces o semillas. Existen dos tipos diferentes:

• Grasas **mono no-saturadas**: No aumentan los niveles de colesterol, se encuentran en cantidades importantes en casi todas las nueces, aceitunas, aceite de oliva, aceite de cánola y margarina. Otras fuentes son aguacate, garbanzo, huevo y semillas de ajonjolí.

• Grasas **poli no-saturadas**: Se encuentran en las nueces, granos y semillas, son suaves o líquidas a temperatura ambiente. Este grupo es el más importante pues es la única fuente de grasas omega-3 y omega-6, las cuales proporcionan ácidos grasos esenciales. Es importante obtener una ingesta adecuada de estas grasas porque protegen contra enfermedades cardiovasculares, ayudan a mantener la piel sana y son necesarias para el funcionamiento normal del sistema nervioso y del inmunológico.

Entre las fuentes de grasas omega-3 se encuentran el atún, el salmón, la macarela y el arenque y por ello se aconseja consumir dos o tres porciones de estos pescados a la semana.

Las fuentes vegetarianas son las nueces de nogal y algunos aceites vegetales como el de soya, cánola, semilla de mostaza y linaza. Las grasas omega-6 se encuentran en aceites vegetales como el de alazor, ajonjolí y de frijol de soya.

El colesterol es otro tipo de grasa. Es una sustancia cerosa presente en todos los animales pero no en las plantas. Es un elemento esencial para la buena salud y es parte de toda célula viva del cuerpo humano, pero en exceso es dañina. No es necesario obtener colesterol de fuentes alimenticias porque se fabrica en el cuerpo para formar hormonas. También es necesario para el sistema nervioso y para la descomposición y eliminación de grasas. Los alimentos vegetarianos ricos en

colesterol son yemas de huevo y productos lácteos. Las investigaciones muestran que una ingesta alta de grasas saturadas provoca que el cuerpo produzca más colesterol. Para reducir el nivel de colesterol sanguíneo es necesario reducir la ingesta de grasas saturadas y mantener una dieta sana. No aumentes la ingesta de grasas mono no-saturadas y poli no-saturadas –usa menores cantidades en lugar de las grasas saturadas que comerías normalmente.

## IDEAS PARA BOTANAS BAJAS EN GRASA

- Fruta y verduras frescas (cuidado con el aguacate)
- Jugo de frutas y verduras frescas
- Bebidas de leche descremada y baja en grasa, yogurt bajo en grasa
- Salsas para pasta con base de jitomate
- Verduras y arroz al vapor
- Papa horneada con yogurt bajo en grasa y queso bajo en grasa
- Panes de grano entero
- Pasteles de arroz

## INGESTA DIARIA

Las autoridades de salud recomiendan que consumamos un máximo de 30% de grasa en la dieta, del cual menos del 10% debe ser saturada. Muchas personas consumen más. Los nutriólogos consideran que la mayoría de la gente de los países occidentales consume el doble de la grasa que en realidad necesita. Para un hombre promedio, se recomienda no más de 50-80g de grasa diaria y no más de 40-60g para la mujer promedio.

## INGESTA EXCESIVA

Una dieta rica en grasa, en particular con una alta ingesta de grasas saturadas, se relaciona a un mayor riesgo de aumento de peso, enfermedades cardiacas, presión sanguínea alta, diabetes y cáncer. La grasa de la dieta se almacena rápidamente como grasa corporal y los niveles altos de grasa corporal aumentan el riesgo de enfermedades cardiacas.

## PARA REDUCIR LA INGESTA DE GRASA

- Consume productos lácteos bajos en grasa, pero sé cuidadoso porque no significa que puedas consumir mayores cantidades.
- Elimina toda la grasa y la piel de la carne y las aves.
- Limita tu ingesta de comidas fritas y grasas ocultas (como en galletas, pasteles, chocolate, muesli y barras saludables).
- Usa ingredientes bajos en grasa en lugar de ricos en grasa (yogurt en lugar de crema, leche de coco light, etc) y cocina con menos cantidad de grasa y aceite. Usa métodos para cocinar bajos en grasa (cocer al vapor, en el microondas, asados, horneados o stir-fry).
- Usa aderezos bajos en grasa (como vinagre, jugo de limón) en lugar de mantequilla, aceite o aderezos grasosos. Reduce la cantidad de mantequilla o margarina que untas al pan o sustitúyelas por salsa, mostaza o mayonesa light.
- Adquiere el hábito de leer las etiquetas de los alimentos para elegir los que sean bajos en grasa.

# PROTEÍNAS

**Proporcionan la estructura básica del cuerpo humano –es un componente principal de células, tejidos, músculos, uñas, cabello, piel, huesos sangre y órganos internos. Necesitamos proteínas para fabricar y reparar células y tejidos, para crear hormonas, enzimas, anticuerpos y neurotransmisores (mensajeros nerviosos). También son necesarias para la regulación del ambiente interno del cuerpo y el equilibrio de los líquidos.**

## ¿QUÉ SON LAS PROTEÍNAS?

Son moléculas grandes hechas de compuestos pequeños conocidos como aminoácidos. A partir de distintas cadenas de aminoácidos se forman diferentes proteínas en combinaciones y variados largos. Existen más de 20 diferentes aminoácidos combinados en infinidad de maneras para producir proteínas.

De los 20 aminoácidos diferentes, 8 no se fabrican en el cuerpo adulto y deben obtenerse de los alimentos, se llaman aminoácidos "esenciales" y los otros 12 son los "no esenciales," no porque sean menos importantes sino porque los fabricamos en el cuerpo.

## FUENTES

Las proteínas de fuentes animales (carne, aves, huevo, pescado, mariscos y productos lácteos) contienen todos los aminoácidos, también los esenciales, para satisfacer las necesidades del cuerpo. Por esta razón se llaman proteínas "completas" o proteínas con "alto valor biológico."

Los alimentos vegetales (granos, verduras, nueces, legumbres) contienen menores cantidades de proteínas y estas proteínas son deficientes en uno o más de los aminoácidos esenciales. Por lo tanto se llaman proteínas "incompletas" o de "bajo valor biológico." Sin embargo, los veganos y vegetarianos pueden obtener cantidades adecuadas de proteínas y todos los aminoácidos esenciales al consumir una mezcla de alimentos vegetales ricos en proteínas. Al combinar productos fabricados con granos (pan, pasta, trigo sarraceno, arroz, cebada, bulgur), con huevos, productos de legumbres (leche de soya, frijoles de soya, lentejas, garbanzos) o productos lácteos (leche, queso, yogurt) o legumbres con nueces o semillas (de girasol, de ajonjolí) o productos lácteos se pueden obtener todos los aminoácidos esenciales que requieren. Este método de combinar alimentos es especialmente importante para los veganos o vegetarianos estrictos.

## BENEFICIOS

A diferencia de la carne, los alimentos vegetales proporcionan proteínas, fibra y carbohidratos, lo cual ofrece importantes beneficios de salud.

Las proteínas animales contienen hierro y zinc. El hierro es un mineral que se encuentra en toda célula del cuerpo y es esencial para la buena salud y para el bienestar físico y mental. Es necesario para llevar oxígeno a todo el cuerpo.

Sin hierro te sería difícil concentrarte,

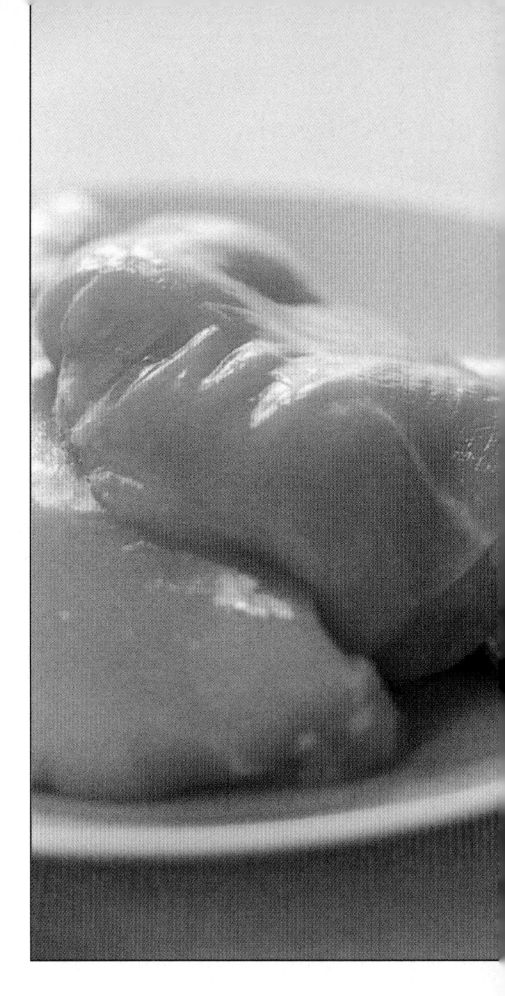

recordar cosas y aprender, te sentirías cansado e irritable. También es necesario para combatir infecciones y para producir energía a partir de los alimentos.

El zinc es necesario para la función de más de 300 enzimas y participa en muchas funciones corporales como la del sistema inmunológico, la del cerebro, el crecimiento y reparación tisulares, crecimiento, visión nocturna y reproducción y desarrollo.

## INGESTA DIARIA RECOMENDADA

| | PROTEÍNAS/KG DE PESO CORPORAL/DÍA |
|---|---|
| Infantes de 0-6 meses | 2.0g |
| 7-12 meses (alimentados con mamila) | 1.6g |
| 4-18 años | 1.0g |
| Varones y mujeres | 0.75g |
| Embarazadas | +6.0g |
| En lactancia | +16.0g |

## INGESTA DIARIA

El requerimiento diario de proteínas es aproximadamente de 12 a 15% de la ingesta total de calorías, depende de la talla, peso, nivel de estrés y actividad y salud. Se necesitan más proteínas durante el crecimiento como en la niñez, adolescencia, embarazo y lactancia. La mayoría de las personas de los países occidentales consume suficientes proteínas al día.

## DEFICIENCIA

La deficiencia de proteínas puede ocasionar síntomas como anemia, cansancio, debilidad muscular y agotamiento, cabello seco, piel reseca, mala sanación de heridas, uñas débiles, accesos de temperatura, menor inmunidad a las infecciones y, en casos severos, amenorrea.

Es posible que los niños con deficiencia de proteínas no alcancen su potencial total de crecimiento, mientras que los casos extremos en niños resultan en una enfermedad mortal llamada kwashiorkor.

Sin embargo, las personas de los países occidentales, incluyendo los vegetarianos y los atletas, consumen mayor cantidad de las proteínas que necesitan y la deficiencia es poco común. De hecho, en la mayoría de las dietas occidentales hay más posibilidad de consumir un exceso de proteínas que de consumirlas en menor cantidad.

## INGESTA EXCESIVA

Resulta en un desequilibrio de líquidos, con síntomas como diarrea, inflamación de los tejidos y orina frecuente, lo cual conduce a deshidratación. Demasiadas proteínas son dañinas para los niños pues el exceso de nitrógeno resultado del metabolismo de las proteínas puede tensar los riñones. También aumenta la ingesta de grasa, los niveles de colesterol sanguíneo y la absorción de calcio.

# SAL

**Durante cientos de años se ha usado sal para conservar los alimentos o aumentar su sabor, textura y color naturales pero, si se añade demasiada, se pierden los sabores de la comida.**

## ¿QUÉ ES?

La sal común de mesa es un compuesto químico hecho de dos elementos: 40% de sodio y 60% de cloro. Una cucharadita de sal pesa 5g y contiene aproximadamente 2g de sodio.

El sodio y el cloro son minerales que desempeñan papeles importantes en el cuerpo. El sodio es necesario para la regulación del equilibrio de los líquidos del cuerpo, la presión sanguínea y el funcionamiento adecuado de nervios y músculos. El cloro se necesita para mantener un equilibrio de líquidos y la presión sanguínea normales, es un componente esencial de los jugos gástricos estomacales.

## VARIEDADES DE SAL

La sal se extrae de las vetas subterráneas o se obtiene al evaporar agua de mar.

La SAL DE ROCA son cristales grandes sin refinar obtenidos de depósitos naturales. Se usa en molinos de sal (pero, a diferencia de la pimienta, la sal de roca recién molida no tiene más sabor que la sal de mesa).

La SAL DE MESA se produce al evaporar sal de roca al vacío para producir cristales más pequeños o sal de grano más fino. La sal yodada es sal de mesa adicionada con yodo. La adición de yodo a la sal de mesa ha eliminado virtualmente la deficiencia de yodo en muchos países porque se añade mucha sal a los alimentos procesados.

La SAL DE MAR se produce al evaporar agua limpia de mar filtrada. Los cristales son grandes y parecen hojuelas.

La SAL SAZONADA es la sal de mesa con diferentes saborizantes añadidos como ajo, apio o hierbas secas para aumentar el sabor de la comida.

## USOS EN LA COCINA

- Para eliminar la humedad. Esta técnica se utiliza al preparar verduras como la berenjena. Se cubren las rebanadas de verdura con mucha sal para extraer sus jugos amargos. La carne no debe salarse antes de freírse o cocerse a la parrilla porque la humedad que llegue a la superficie evita que se selle y se dore. La sal debe añadirse a media cocción una vez que la carne está sellada.
- Para endurecer la comida. Es una ventaja cuando se preparan conservas con vinagre pues los alimentos salados antes de preparar el escabeche no se ablandan en el frasco. La desventaja es cuando se hace carne estofada o guisada (y con legumbres).
- Para añadir color. La sal aumenta el color de la costra del pan.
- Para intensificar el sabor. Un poco de sal intensifica el sabor natural de los alimentos.

## FUENTES

La sal está presente de manera natural en casi todos los alimentos (en cantidades relativamente pequeñas) pero, por lo general, se agregan cantidades mayores durante la cocción y procesamiento. Antes se usaba para conservar alimentos como pescados, aceitunas y carne, ahora se usa en el procesamiento de los alimentos.

Distintas cantidades de sodio se añaden a los alimentos pero no siempre en forma de sal de mesa (cloruro de sodio). Los aditivos de los alimentos como el bicarbonato de sodio, algunos conservadores y glutamato monosódico también contienen sodio. Los alimentos procesados que contienen niveles particularmente altos de sal (sodio) por porción son: frituras saladas, chips, botanas, salchichas, carne procesada, queso, salami, comida rápida, pescado ahumado, alimentos enlatados y algunos cereales. Fruta fresca y la mayoría de las verduras, rollos de avena, trigo inflado, nueces y mantequilla sin sal, pan reducido en sales, queso cottage y alimentos enlatados sin sal son relativamente bajos en sal.

## INGESTA DIARIA

Es esencial para el buen funcionamiento del cuerpo pero casi toda la gente consume más de la que necesita. La ingesta recomendada para adultos es 0.9-2.3mg al día o un máximo de 1 cucharadita de sal. Sin embargo, en Australia por ejemplo, muchas personas consumen más de 5 g diarios (100 veces más de la cantidad recomendada). Es importante evitar consumir grandes cantidades de sal pues las ingestas altas aumentan el riesgo de desarrollar presión sanguínea alta (hipertensión), en particular en personas genéticamente más sensibles a los efectos del sodio (hasta un 20% de la población adulta). La mayoría de las personas no necesita añadir sal a la comida ni tomar tabletas de sal, aunque en circunstancias especiales, como sudoración excesiva o diarrea, es posible que se necesiten niveles mayores, (bajo supervisión médica). A menos que lo recomiende el doctor, no hay necesidad de aumentar la ingesta de sal en climas calientes ni al hacer ejercicio porque el cuerpo tiene mecanismos que ajustan el contenido de sal del sudor de acuerdo al equilibrio de sal del cuerpo. De hecho, consumir más sal de la necesaria bajo estas condiciones aumenta el riesgo de deshidratación y calambres.

### REDUCE LA INGESTA DE SAL

- Trata de no añadir sal de mesa a los alimentos antes o después de cocinarlos
- Reduce la ingesta de alimentos procesados muy salados y comida para llevar
- Elimina poco a poco el consumo de sal al usar productos reducidos en sal (margarina, etc) para que tus papilas gustativas se acostumbren
- Busca que las etiquetas de información nutricional digan "reducido en sales" o "sin sal" o "sin sal añadida" para que elijas alimentos enlatados, quesos, panes, salchichas y otros alimentos procesados con menos sal.

# CALCIO

**Es un nutriente importante para mantener sanos a los huesos y dientes. El esqueleto es un tejido vivo en donde el calcio es almacenado y eliminado diariamente –este proceso se llama "remodelación." Debido a esta continua eliminación, las autoridades de salud recomiendan que consumamos alimentos ricos en calcio para abastecer a los huesos. Los productos lácteos son una fuente de calcio alimenticio y proporcionan cerca del 70% del requerimiento diario –el 30% restante se obtiene a partir de granos, verduras y salmón enlatado (con huesos).**

### CONTENIDO PROMEDIO DE CALCIO DE LOS ALIMENTOS COMUNES

| Porción | Calcio (mg) |
|---|---|
| yogurt bajo en grasa, 200g (6 ½oz) | 420 |
| yogurt natural, 200g (6 ½oz) | 340 |
| leche descremada, 1 taza (250ml/8oz) | 310 |
| salmón enlatado con huesos, 100g (3 ½oz) | 300 |
| leche regular, 1 taza (250ml/8oz) | 285 |
| queso cheddar reducido en grasas, 35g (1oz) | 282 |
| queso cheddar entero, 35g (1oz) | 271 |
| espinacas cocidas, 1 taza (340g/9 ⅓oz) | 170 |
| queso cottage bajo en grasa, 100g/3 ⅓oz | 77 |
| almendras con cáscara, 30g/1oz | 75 |
| muesli natural, 50g/1 ⅔oz | 52 |
| mezcla de frijoles, 100g/3 ⅓oz | 43 |
| brócoli cocido, 1 taza (100g/3 ⅓oz) | 29 |
| pan blanco o de grano entero, 1 rebanada (30g/1oz) | 15 |

## FUENTES

La leche y otros productos lácteos como queso y yogurt son la fuente más rica en calcio. Tres porciones de productos lácteos al día proporcionan el calcio que casi todos necesitamos (1 porción= 1 vaso de 250 ml (8 oz) de leche, 200 g/6 ½ oz de yogurt, 35 g/1 oz de queso duro). Existe una gran variedad de productos lácteos para todos los gustos y variedades bajas en grasa para quienes intentan reducir su ingesta de grasa y colesterol. Otras fuentes de calcio son leche de soya y tofu fortificados con calcio, pescado como salmón enlatado o sardinas con hueso, verduras verdes (brócoli y col china), higos secos, espinacas, camote y granos. Sin embargo, el calcio de los lácteos se absorbe más rápidamente en el cuerpo que el calcio de cereales y verduras puesto que la absorción del calcio aumenta por el azúcar de la leche (lactosa) y se inhibe por los componentes de los granos y verduras (taninos, fibra, oxalatos).

## BENEFICIOS

El calcio es el mineral más abundante en el cuerpo humano. Más del 99% del calcio presente en el cuerpo se encuentra en

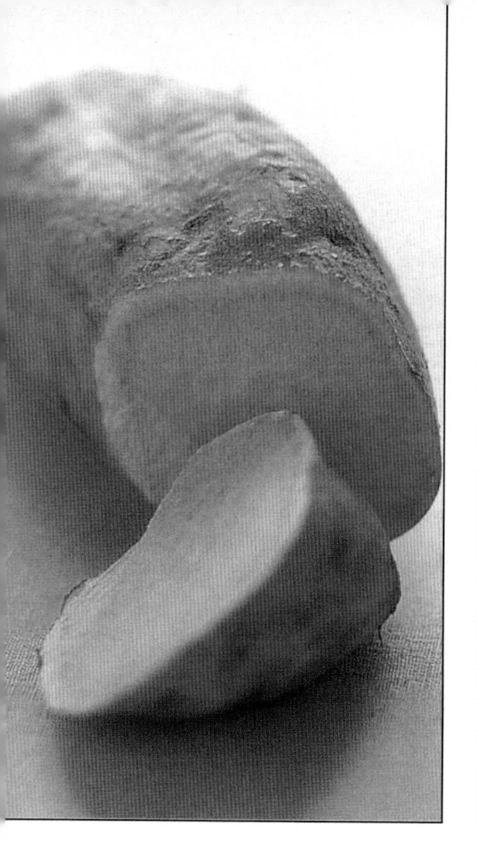

## INGESTA DIARIA RECOMENDADA

| | mg de calcio por día |
|---|---|
| Infantes de 0-1 años | 300-550mg |
| Niños de 1-7 años | 700-800mg |
| Niñas de 8-11/12-15/16-18 años | 900mg/1000mg/800mg |
| Niños de 8-11/12-15/16-18 años | 800mg/1200mg/1000mg |
| Varones de 19-64+ años | 800mg |
| Mujeres 19-54 | 800mg |
| Embarazadas | 1100mg |
| En lactancia | 1200mg |
| Post-menopáusicas/ Mujeres jóvenes con amenorrea | 1000mg |

el esqueleto y los dientes, donde se necesita junto con el fósforo y la vitamina D para que estos tejidos vivos permanezcan sanos y fuertes. El 1% restante está presente en la sangre y los líquidos del cuerpo, donde desempeña un papel importante en la regulación de las funciones nerviosas y musculares, la presión sanguínea y la frecuencia cardiaca, la liberación de hormonas y coagulación normal de la sangre.

## DEFICIENCIA

El calcio puede ser retirado o devuelto a los huesos de acuerdo a la necesidad de calcio en otras partes del cuerpo. Si los huesos no reciben suficiente calcio, a medida que envejecemos se vuelven frágiles y porosos y se fracturan más fácilmente –lo cual recibe el nombre de osteoporosis. Conforme se desarrolla, la cubierta exterior de los huesos se vuelve delgada y débil y la estructura interna desarrolla grandes huecos. La osteoporosis afecta a varones y mujeres después de los 60 años, aunque sucede más comúnmente en las mujeres por la disminución de estrógeno durante la menopausia que puede resultar en una pérdida importante de masa ósea.

## REDUCE EL RIESGO DE OESTEOPOROSIS

- Consume todos los días alimentos ricos en calcio.
- Haz ejercicio regularmente, como caminatas, para ayudar a que tus huesos permanezcan sanos.
- No fumes.
- Consume cantidades moderadas de alcohol, sal o cafeína.
- Las mujeres que hacen dieta o ejercicio en exceso no deben eliminar tanta grasa corporal de manera que disminuyan los niveles de estrógeno y se detenga su periodo menstrual (amenorrea).

# AZÚCAR

**Igual que el almidón, el azúcar es un carbohidrato que funciona como la principal fuente de energía del cuerpo. Se encuentra de manera natural en los alimentos (azúcar intrínseca o natural) o se añade a ellos (extrínseca o refinada). El sabor es sólo uno de los papeles que desempeña el azúcar en los alimentos, también se usa para conservar (jaleas, pasteles, bebidas), agregar textura y color (a productos horneados y lácteos), es fuente de energía de levadura y hace que el pan se levante. También ayuda a equilibrar la acidez de las salsas de jitomate y aderezos para ensaladas.**

## DIFERENTES TIPOS

Es una fuente de energía fundamental para plantas y animales y está presente en todas las criaturas vivas. Existen muchas azúcares diferentes –algunas consisten en dos unidades individuales de azúcar unidas (disacáridas) y otras que tienen una sola molécula de azúcar (monosacáridas). Entre las diferentes variedades se encuentran:

GLUCOSA, es un monosacárido que sucede de manera natural en frutas y verduras pero por lo general se encuentra como parte de un disacárido (sucrosa, por lo general) o almidón.

FRUCTOSA, es un monosacárido de sabor más dulce que la glucosa. Está presente en frutas y verduras y constituye más de la mitad del azúcar de la miel. Es muy dulce.

GALACTOSA, sucede en su mayoría como componente de la lactosa (el azúcar en la leche) y no es común encontrarla como monosacárido en los alimentos.

SUCROSA (AZÚCAR DE MESA, BLANCA Y REFINADA), es un disacárido de la glucosa ligado a la fructosa. Se encuentra en la caña de azúcar, remolacha, miel de abeja y jarabe de maple, y es la forma más comúnmente usada –se añade a los alimentos y se usa para cocinar. Es 99% sucrosa pura.

MALTOSA, es un disacárido y se forma cuando se descompone un almidón.

LACTOSA (O AZÚCAR DE LECHE), es un disacárido (glucosa unida a galactosa). Es la única azúcar que se encuentra de manera natural en los alimentos animales y contribuye al 30% de las calorías de la leche de vaca y al 40% de la leche materna humana.

Contrario a la creencia popular, hay un poco de diferencia nutricional entre estas azúcares. Durante la digestión, todos los almidones y azúcares son descompuestos en forma de glucosa y fructosa (excepto la lactosa, que es descompuesta en galactosa y glucosa). La glucosa y la fructosa son pequeñas y son absorbidas a través del intestino delgado y al torrente sanguíneo, después llegan a las células del cuerpo para que se usen de inmediato como energía o almacenamiento como glucógeno (en músculos o en el hígado) para ser descompuestas en combustible.

## INGESTA DIARIA

Puede consumirse con moderación como parte de una dieta balanceada. No hay una ingesta diaria recomendada, pero el azúcar de mesa y la comida "chatarra" que contiene azúcar añadida (y pocos minerales y vitaminas) sigue a la cabeza de la pirámide y sólo deben consumirse de manera ocasional.

## ¿EL AZÚCAR ES MALA?

Se ha demostrado que los argumentos sobre los efectos adversos sobre la salud son mitos.

Las investigaciones muestran que el azúcar no causa obesidad, hipoglucemia o hiperactividad y sólo es uno de varios

factores que ocasionan deterioro dental.

Los almidones y azúcares contribuyen al deterioro dental. Los peores son los alimentos que se adhieren al diente, como paletas, frutas secas, panes o comida que se mastica despacio o se chupa. Mientras más tiempo estén en contacto con los dientes, mayor es el riesgo de deterioro dental.

Comer azúcar no necesariamente ocasiona aumento de peso. El aumento de peso es resultado de comer durante algún tiempo más calorías de las necesarias. Las grasas alimenticias contienen más calorías por gramo que el azúcar, de manera que es más probable consumir una cantidad excesiva de calorías a partir de alimentos ricos en grasa que de alimentos ricos en azúcar. Los alimentos como pasteles dulces, chocolates, helados y galletas son llamados "azucarados" pero la mayoría de sus calorías proviene de la grasa. Encuestas recientes afirman que la gente que consume más grasa y relativamente menos azúcar es menos propensa a tener sobrepeso que la gente que consume menos grasa y más azúcar. Sin embargo, lo anterior no significa que comas mucha azúcar y no subas de peso.

## SUSTITUTOS DE AZÚCAR

La industria de los alimentos usa muchas sustancias con sabores dulces para sustituir el azúcar y producir alimentos sin azúcar –como alcoholes de azúcar (sorbitol, mannitol, xilitol, maltitol, jarabe de maltitol, lactitol), isomalt e hidrosales hidrogenadas de almidón.

Se utilizan para endulzar productos "de dieta" pues no son absorbidos por completo y proporcionan menos calorías que las azúcares normales. Están presentes en ciruelas, manzanas y otros alimentos o se producen de manera comercial a partir de carbohidratos como sucrosa, glucosa y almidón.

Los alcoholes de azúcar añaden volumen y textura a los alimentos, proporcionan un sabor fresco y ayudan a mantener su humedad. Cuando se consumen en grandes cantidades, los alcoholes de azúcar tienen un efecto laxante.

La sucralosa es el único endulzante bajo en calorías hecho de azúcar (sucrosa) que no es absorbido o digerido en el cuerpo. Es 600 veces más dulce que el azúcar, de manera que se usa en cantidades mínimas. Se utiliza para bebidas, productos horneados, helados, lácteos y repostería. Los alimentos que la contienen son seguros para el consumo de adultos y niños sanos y personas con diabetes (en cantidades adecuadas).

También existen los endulzantes artificiales:

ASPARTAME, se añade a los cereales, bebidas suaves y postres. Aumenta el sabor de la fruta, ahorra calorías y no contribuye al deterioro dental.

SACARINA, se vende como endulzante extra. Fue uno de los primeros endulzantes desarrollados y se ha usado para endulzar alimentos y bebidas desde hace más de 40 años. Es 300 veces más dulce que el azúcar pero deja un ligero sabor amargo.

### CONSEJOS

- Si se añade un poquito de azúcar a alimentos bajos en grasa, como la avena, puede ser más fácil acostumbrarse al sabor.
- Reducir o eliminar el azúcar añadida a bebidas y alimentos ayuda a reducir la ingesta de calorías.
- Cuando quieras una botana elige pan de frutas, fruta o yogurt bajo en grasas.
- Cuida tus dientes, cepíllalos adecuadamente y usa hilo dental. Bebe agua que contenga flúor.

# VITAMINAS

| VITAMINAS | FUNCIONES | SIGNOS DE DEFICIENCIA | BUENAS FUENTES |
|---|---|---|---|
| Vitamina A | Promueve ojos, piel y cabello sanos; mantiene las membranas mucosas de la nariz, garganta, pulmones e intestino. Es importante para el sistema inmunológico. | Problemas de ojos, piel y cabello, visión nocturna deficiente, crecimiento disparejo de los huesos, alta susceptibilidad a infecciones. | Huevos, lácteos (no leche baja en grasa), mantequilla, margarina, hígado, riñón, pescado. |
| Beta-caroteno (el cuerpo lo convierte en vitamina A en niños grandes y adultos) | Da el color amarillo y anaranjado de las legumbres frescas. Es un antioxidante poderoso y mejora la inmunidad. | Alta susceptibilidad a infecciones. Una ingesta baja de caroteno presente en frutas y verduras puede derivar en menores defensas contra enfermedades cardiacas y cáncer. | Verduras y frutas amarillas, verdes, anaranjadas y roja (zanahorias, espinacas, mangos, calabaza, chabacanos, papaya, brócoli, pimientos y jitomates). |
| Complejo B (8 vitaminas) | Son necesarias para convertir en energía a los carbohidratos, la grasa y las proteínas que se consumen en la dieta. Se necesitan para el sistema nervioso, para la formación de glóbulos rojos, la salud de la piel y del corazón. | Fatiga, nerviosismo, dificultad en el manejo del estrés, depresión y problemas de piel. | Levadura, panes y cereales multigrano, legumbres, huevo, leche, nueces, verduras de hoja verde, hígado, riñón, carne, aves, pescados, mariscos y cereales fortificados. |
| Folato (vitamina del grupo B) | Esencial para la síntesis del ADN, la síntesis de proteínas y la producción de glóbulos rojos. | Anemia. Una ingesta baja antes de la concepción y durante el embarazo aumenta el riesgo de espina bífida en el bebé. | Germen de trigo, salvado, verduras de hoja verdes, aguacate, avena, hígado, jitomate, naranja y melón. |
| Vitamina B12 | Trabaja con el Folato. Es esencial para el funcionamiento de todas las células, para el metabolismo de las proteínas, las grasas y los carbohidratos así como para la salud de los nervios. | Anemia, desórdenes del sistema nervioso (cosquilleo y debilidad en los pies), depresión, falta de memoria. | Únicamente se encuentra en productos de origen animal: productos lácteos, carne roja y blanca, mariscos, menudencias y huevo. Los vegetarianos necesitan tomar un complemento. |
| Vitamina C | Es necesaria para la salud de la piel, los huesos, los cartílagos y los dientes. Ayuda al cuerpo a absorber hierro y darle efectos antioxidantes. Ayuda a proteger contra infecciones y enfermedades crónicas. | Descomposición de tejidos, facilidad para sangrar y contusionarse, fatiga. | Frutas y verduras: pimiento, guayaba, coles de Bruselas, papaya, kiwi, melón, mango y especialmente en frutas cítricas como las moras y la piña o en el brócoli y la col. |
| Vitamina D | Es necesaria para absorber el calcio para tener dientes y huesos sanos. La luz del sol también ayuda al cuerpo a formar su propia vitamina D. Es necesaria para producir hormonas. | Debilidad muscular y ósea. Raquitismo en niños y osteomalacia en adultos. | Yema de huevo, queso, margarina, verduras con grasa y pescados con alto contenido en grasa (atún, salmón, sardinas) e hígado. |
| Vitamina E | Es antioxidante. Es necesaria para la salud de los vasos sanguíneos y tejidos, incluyendo el corazón. Trabaja con otras vitaminas y minerales antioxidantes para prevenir enfermedades. | La deficiencia de esta vitamina es rara. Previene el crecimiento normal. | Yema de huevo, nueces, semillas, cereales integrales, germen de trigo, aceite vegetal y margarina, carne y mantequilla de cacahuate. |
| Vitamina K | Es necesaria para la coagulación (por ejemplo, para detener la sangre en una herida). Es esencial para la formación de proteínas en los huesos y los riñones. | Sangrados nasales, sangrados en exceso. | Brócoli, lechuga, col, espinaca, coliflor, legumbres e hígado. |

# MINERALES

| MINERALES | FUNCIONES | SIGNOS DE DEFICIENCIA | BUENAS FUENTES |
|---|---|---|---|
| Calcio | Es esencial para el fortalecimiento de huesos y dientes. Regula las funciones de los nervios y músculos, ayuda a reducir la presión arterial. | Raquitismo, osteoporosis, osteomalacia, cólicos, problemas musculares, presión alta y arritmias cardiacas. | Productos lácteos, almendras, levadura de cerveza, higos secos, salmón, sardinas, tahini, leche de soya enriquecida con calcio, leche y tofu. |
| Yodo | Es necesario para la producción hormonal de la tiroides, la regulación del metabolismo, crecimiento adecuado, hormonas sexuales, piel, uñas, cabello y dientes sanos. | Bocio (aumento del tamaño de la glándula tiroides e hinchazón en el cuello) Hipotiroidismo, ojos saltones, baja de la libido, uñas quebradizas, fatiga, aumento de peso y estreñimiento. | Sal con yodo, almejas, camarones, abadejo, salmón, ostras, sardinas, queso cheddar, piña y cebolla. |
| Hierro | Es necesario para hacer la hemoglobina –el componente de los glóbulos rojos que les permite llevar el oxígeno; mioglobina –el compuesto que lleva oxígeno en los músculos. | Es una deficiencia relativamente común. Fatiga, mala circulación, anemia, depresión, poca habilidad para concentrarse, disminución del desempeño físico y mental. | La carne roja es la fuente más rica –el hígado, el pollo, el pavo y el pescado no son tan ricos en hierro. Pan y cereal integral, legumbres (incluidos los frijoles de lata y las lentejas), verduras de hoja verde oscura, huevo, nueces, chabacanos y semillas de girasol. |
| Magnesio | Es esencial para la adecuada función de los nervios y músculos, incluyendo el corazón. Cataliza varias encimas esenciales y sus reacciones. | Debilidad, fatiga, ansiedad, agitación, confusión, temblores musculares, calambres, convulsiones y alteraciones del ritmo cardiaco. | Cereales integrales, germen de trigo, levadura de cerveza, almendras, pescados y mariscos, melaza, verduras de hoja verde, nueces y legumbres. |
| Fósforo | Es esencial para la salud de los huesos y dientes. Ayuda a la absorción de nutrientes, la producción de energía, la transmisión nerviosa, el metabolismo y la contracción muscular. | La deficiencia es poco común. Ansiedad, fatiga, debilidad muscular, dolor de los huesos, osteoporosis, raquitismo y osteomalacia. | Productos lácteos, huevos, productos integrales, legumbres, ajo, nueces, semillas. |
| Potasio | Es esencial para la función normal de los nervios y músculos, promueve la presión arterial normal y el ritmo cardiaco. Trabaja junto con el sodio para mantener el balance normal de los fluidos. | Fatiga, alteraciones cardiacas, sed extrema. Es poco común pero puede presentarse con vómito excesivo y diarrea. | Verdura, fruta, aguacate, cereales integrales, semillas, higos, pasas, nueces, papas y legumbres. |
| Selenio | Es un antioxidante que trabaja junto con otros antioxidantes (como la vitamina E), para prevenir o inhibir los efectos dañinos de los antioxidantes. | Envejecimiento prematuro, degeneración muscular y enfermedades hepáticas. | Mantequilla, germen de trigo, cebada, pan integral, ajo, nueces de Brasil, vinagre de sidra. |
| Sodio | Es necesario para las funciones nerviosas y musculares y para regular el balance de fluidos en el cuerpo. | La deficiencia es poco común. Deshidratación, vómitos y calambres. | Sal, levadura, nueces saladas, pan, queso, margarina, aceitunas apio, chícharos, jamón de pierna, salchichas, tocino y alguna botana preparada. |
| Zinc | Se necesita para la salud de los ojos y de la piel, mejora la inmunidad. Es esencial para el sentido del gusto, del olfato, para el apetito y para metabolizar carbohidratos. Es importante para sanar heridas, para un crecimiento normal, para la reproducción y el desarrollo. | Disminución de la fertilidad y de la libido, sentido del gusto y del olfato deficientes, mala cicatrización, falta de energía y poca resistencia a las infecciones. | Carne roja, huevo, productos del mar, levadura, leche, panes integrales, hígado, queso, yogurt, verduras de hoja verde, pollo, avena, legumbres. |

# DESAYUNOS

## Pan de plátano bajo en grasa con maple de ricotta y fruta

Tiempo de preparación: 10 minutos
Tiempo total de cocción: 55 minutos
Porciones: 10-12 rebanadas

⅓ de taza (80ml) de café cargado
⅔ de taza (125g) de azúcar moscabado
1 huevo
1 clara de huevo
3 cucharadas de aceite vegetal
1 cucharadita de extracto de vainilla
3 plátanos, maduros y machacados (1 ¼ de taza aproximadamente)
3 tazas (375g) de harina
½ cucharadita de polvo para hornear
1 cucharadita de jengibre, en polvo
½ cucharadita de nuez moscada, molida
1 cucharadita de canela, en polvo
1 ½ cucharaditas de bicarbonato de sodio
fruta fresca para servir (fresas, plátano, kiwi, moras, etc)

*Maple de ricotta*
200g de queso ricotta, bajo en grasa
2 cucharadas de miel de maple

**1** Precalentar el horno a 170°C (325°F). Engrasar ligeramente un molde para panqué de 22x12cm, forrarlo con papel encerado. Calentar el café en una olla pequeña a fuego bajo, agregar el azúcar y revolver hasta que se haya disuelto.
**2** En un tazón batir ligeramente los huevos, la clara de huevo, el aceite y el extracto de vainilla. Agregar el café y los plátanos machacados.
**3** Cernir el harina, el polvo para hornear, el jengibre, la nuez moscada, la canela y el bicarbonato. Añadir a la mezcla de plátano y batir únicamente hasta integrar (no batir demasiado). Verter la mezcla en el molde para panqué.
**4** Hornear durante 50 minutos o hasta que al introducir en el centro un palillo, éste salga limpio. Dejar enfriar en el molde 10 minutos antes de desmoldarlo sobre una rejilla y dejar enfriar completamente.
**5** Para hacer el maple de ricotta: En un tazón poner el queso ricotta y la miel de maple, mezclar hasta integrar. Cortar el pan en rebanadas gruesas y servir con el maple de ricotta y la fruta fresca.

**VALOR NUTRICIONAL POR REBANADA (12)**
Grasa 7g; Proteínas 8g; Carbohidratos 45g; Fibra dietética 3.5g; Colesterol 22.6mg; 1135kJ (270cal)

**NOTA**

El pan de plátano puede servirse tostado.

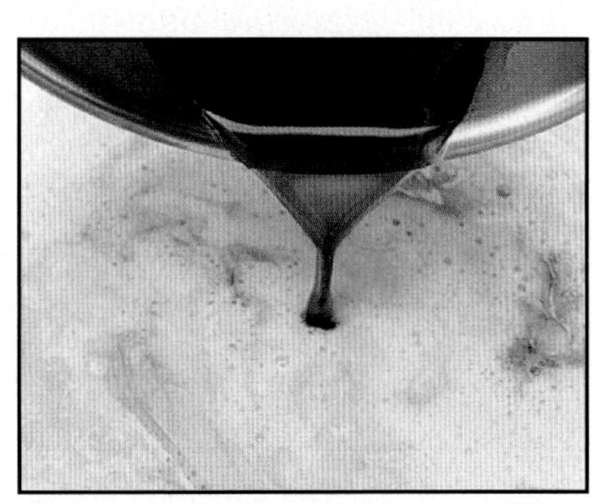

*Agregar el café y el plátano machacado a la mezcla de huevos.*

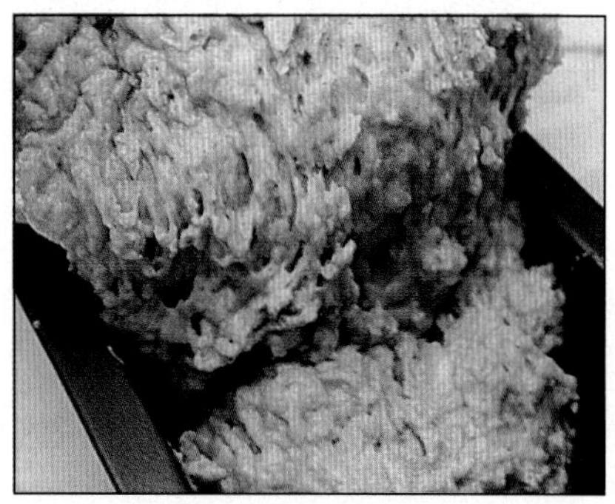

*Verter la mezcla del pan en el molde, raspar el tazón con una cuchara de metal.*

## Muesli de granola tostada

Tiempo de preparación: 5 minutos
Tiempo total de cocción: 20 minutos
Porciones: 4

**1 ¼ de taza (125g) de hojuelas avena**
**3 cucharadas de almendras, fileteadas**
**3 cucharadas de avellanas, en trozos**
**3 cucharadas de coco, deshidratado**
**⅓ de taza (30g) de germen de trigo**
**2 cucharadas de ajonjolí**
**3 cucharadas de semillas de girasol**
**3 cucharadas de azúcar moscabado**

**1** En un sartén, poner la avena, las almendras y las avellanas a fuego bajo. Cocinar de 4 a 5 minutos, moviendo constantemente, hasta que empiecen a tomar color.

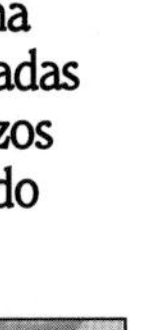

**2** Agregar el coco, el germen de trigo, el ajonjolí y las semillas de girasol. Cocinar moviendo constantemente de 8 a10 minutos más o hasta que tomen un color tostado dorado. Agregar el azúcar y cocinar durante otros 2 a 3 minutos. Retirar del fuego y dejar enfriar completamente antes de guardar en un recipiente hermético. Servir con leche fría.

**VALOR NUTRICIONAL POR PORCIÓN**
Grasa 22g; Proteínas 11g; Carbohidratos 26g; Fibra dietética 6.5g; Colesterol 0mg; 1420kJ (340cal)

*Picar las avellanas en trozos.*

*Mover constantemente la avena y la mezcla de nueces hasta que empiece a tomar un color café.*

*Agregar el coco, el germen de trigo, el ajonjolí y las semillas de girasol.*

## Ciruelas y duraznos al horno con pan tostado de canela

Tiempo de preparación: 10 minutos
Tiempo total de cocción: 10 minutos
Porciones: 4

2 cucharadas de margarina, baja en grasa
1 ½ cucharaditas de canela, en polvo
4 rebanadas gruesas de pan brioche
4 ciruelas maduras, sin hueso y en mitades
4 duraznos maduros, sin hueso y en mitades
2 cucharadas de miel de abeja, tibia

**1** En un tazón mezclar la margarina y 1 cucharadita de canela. Tostar en el horno el pan brioche por un lado. Untar con la mitad de la mezcla de margarina el pan por el otro lado y tostarlo. Reservar caliente dentro del horno.

**2** Barnizar con el resto de la margarina las ciruelas y los duraznos, cocinarlos en el horno hasta que la margarina haga burbujas y la fruta haya tomado ligeramente color.

**3** Para servir: colocar 2 medias ciruelas y 2 medios duraznos sobre cada rebanada de brioche tostado. Espolvorear el resto de la canela en polvo y bañar con un poco de miel tibia. Puede acompañarse con *fromage frais* (queso fresco).

**VALOR NUTRICIONAL POR PORCIÓN**
Grasa 13g; Proteínas 9g; Carbohidratos 66g; Fibra dietética 7g; Colesterol 41mg; 1730kJ (415cal)

**NOTA**

La fruta fresca puede sustituirse por fruta en conserva.

*Cortar las ciruelas y los duraznos por la mitad y quitar el hueso.*

*Asar las rebanadas de pan hasta que esté dorado por ambos lados.*

*Asar las ciruelas y los duraznos hasta que la canela haga burbujas.*

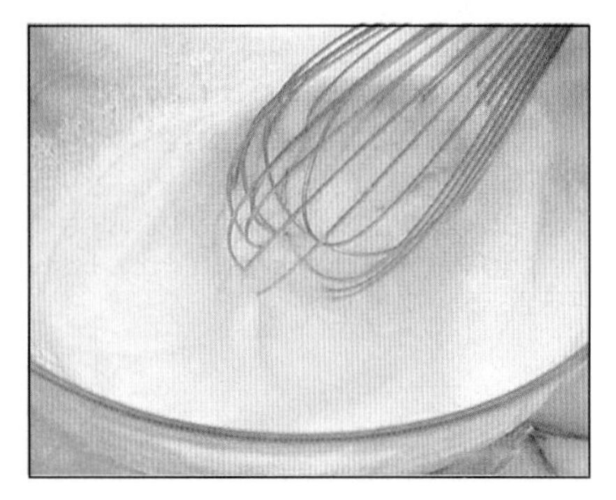

*Batir las claras de huevo, los huevos enteros y la leche hasta que se integre.*

*Barnizar los hongos portobello con la salsa inglesa.*

*Raspar un poco el sartén con una espátula y cocinar hasta que el huevo esté firme*

## Huevos revueltos con portobello a la parrilla

Tiempo de preparación: 10 minutos
Tiempo total de cocción: 15 minutos
Porciones: 4

4 claras de huevo
8 huevos
2 cucharadas de leche descremada
2 cucharadas de salsa inglesa
2 dientes de ajo pequeños, machacados
2 cucharaditas de aceite de oliva
12 hongos portobello
2 cucharadas de perejil fresco, picado

**1** En un tazón batir ligeramente las claras de huevo. Agregar los huevos enteros y la leche, batir hasta combinar. Sazonar con sal y pimienta negra recién molida al gusto.

**2** Revolver la salsa inglesa, el ajo, el aceite de oliva y pimienta. Barnizar los portobellos con la mezcla anterior y ponerlos sobre la parrilla de 5 a 7 minutos o hasta que estén suaves. Reservar y mantener calientes.

**3** En un sartén antiadherente agregar la mezcla de huevos y cocinar hasta que el huevo esté firme, raspar un poco el sartén con una espátula para que se cueza parejo.

**4** Para servir: Dividir el huevo y los portobellos entre 4 platos. Espolvorear con el perejil picado y servir inmediatamente.

VALOR NUTRICIONAL POR PORCIÓN
Grasa 13g; Proteínas 18g; Carbohidratos 4g; Fibra dietética 1g; Colesterol 375.5mg; 820kJ (195cal)

## Avena energética

Tiempo de preparación: 10 minutos
Tiempo total de cocción: 20 minutos
Porciones: 4

**4 tazas (400g) de hojuelas de avena**
**1 taza (105g) de hojuelas de arroz**
**1 taza (130g) de hojuelas de cebada**
**1 taza (130g) de hojuelas de centeno**
**1 taza (205g) de mijo**
**2 cucharadas de semillas de ajonjolí, ligeramente tostadas**
**2 cucharaditas de semillas de linaza**

**1** En un recipiente hermético revolver las hojuelas de avena, las de arroz, las de cebada, las de centeno, el mijo, las semillas de ajonjolí y las semillas de linaza. Reservar.
**2** Para preparar la avena:Poner en un sartén 2 tazas (280g) de la mezcla de hojuelas, una pizca de sal y 2 tazas (500ml) de agua, revolver bien. Dejar reposar durante 5 minutos para dar una consistencia más suave y cremosa. Mezclar otras 2 tazas (500ml) de agua. Hervir a fuego medio revolviendo ocasionalmente.
**3** Bajar el fuego y dejar cocinar, revolviendo, de 12 a 15 minutos hasta que la mezcla esté suave y cremosa y las hojuelas estén cocidas. Se puede servir con leche descremada o yogurt y espolvorear azúcar moscabado.

**VALOR NUTRICIONAL POR PORCIÓN**
Grasa 16g; Proteínas 22g; Carbohidratos 127g; Fibra dietética 14.5; Colesterol 0mg; 3115kJ (745cal)

**NOTA**

Se puede añadir ½ taza (80g) de pasas o fruta deshidratada a la mezcla seca de la avena y cocinar según las instrucciones.

*Combinar las hojuelas de avena, las hojuelas de arroz, las hojuelas de cebada, las hojuelas de centeno, el mijo, las semillas de ajonjolí y las semillas de linaza.*

*Agregar otras 2 tazas de agua a la mezcla de avena.*

*Dejar cocinar la avena a fuego bajo hasta que esté suave y cremosa.*

# Desayunos completos

Desayunar fruta es una muy buena manera de empezar el día, porque contiene carbohidratos, fibra y mucho sabor. La fruta te proporciona todos los nutrientes que necesitas para empezar el día. Licua fruta, jugo y yogurt para tener un desayuno balanceado en minutos o mezcla la fruta con yogurt y muesli.

## Licuado de plátano

Licuar 2 plátanos, 100g de moras azules congeladas, 1 manzana con cáscara, descorazonada, 300ml de jugo de manzana y 2 cubitos de hielo, hasta que todo se mezcle. Porciones: 4 vasos de 200ml

**VALOR NUTRICIONAL POR PORCIÓN**
Grasa 0g; Proteínas 1.1g; Carbohidratos 25g; Fibra dietética 2.5g; Colesterol 0mg; 430kJ (100cal)

## Licuado de kiwi

Licuar 3 rebanadas de kiwi, 90g de piña pelada y descorazonada, partida en trozos, 1 plátano, 1 taza (250ml) de jugo de frutas tropicales y 2 cubitos de hielo, hasta que todo se mezcle. Porciones: 4 vasos de 200ml

**VALOR NUTRICIONAL POR PORCIÓN**
Grasa 0.5g; Proteínas 2g; Carbohidratos 18g; Fibra dietética 3g; Colesterol 0mg; 340kJ (80cal)

## Smoothie de mango

Licuar 60g de mango (½ mango) cortado en trozos, 2 cucharadas de salvado de avena, 2 tazas (500ml) de leche de soya sin grasa, 2 cucharadas de miel, ¼ de taza (60g) de yogurt natural sin grasa, hasta que esté suave y homogéneo. Servir el smoothie en vasos con cuchara. Porciones: 4 vasos de 200ml

**VALOR NUTRICIONAL POR PORCIÓN**
Grasa 1g; Proteínas 7g; Carbohidratos 25g; Fibra dietética 2g; Colesterol 1mg; 560kJ (135cal)

# n un vaso: licuados

### Smoothie de frutas

Licuar 100g de yogurt natural sin grasa, la pulpa de 2 maracuyás, 2 plátanos, 6 fresas, 100g de frambuesas congeladas, 1 taza (250ml) de jugo de manzana y 2 cubitos de hielo, hasta que esté suave y homogéneo. Servir en vasos fríos. Porciones: 4 vasos de 200ml

**VALOR NUTRICIONAL POR PORCIÓN**
Grasa 0.25g; Proteínas 3g; Carbohidratos 21g; Fibra dietética 4g; Colesterol 1.5mg; 415kJ (100cal)

### Licuado energético de trigo

Licuar 2 galletas de trigo, 2 plátanos machacados, 2 tazas (500ml) de leche de soya sin grasa, ¼ de taza (60g) de yogurt natural sin grasa, hasta que esté suave y homogéneo. Verter en vasos. Porciones: 4 vasos de 200ml

**VALOR NUTRICIONAL POR PORCIÓN**
Grasa 0.5g; Proteínas 6g; Carbohidratos 21g; Fibra dietética 2.5g; Colesterol 1mg; 455kJ (110cal)

### Copa de fruta con muesli y yogurt

Cortar 12 fresas en rebanadas, pelar 4 kiwis y rebanarlos. Dividir entre 4 vasos las rebanadas de fresa, las de kiwi, 160g de muesli bajo en grasa y 400g de yogurt natural sin grasa. Repetir el proceso hasta terminar con las frutas. Verter ⅓ de taza (80ml de leche en cada vaso y bañar con 2 cucharadas de miel. Servir con una cuchara. Porciones: 4 vasos de 250ml

**VALOR NUTRICIONAL POR PORCIÓN**
Grasa 6g; Proteínas 16g; Carbohidratos 54g; Fibra dietética 7g; Colesterol 11mg; 1370kJ (325cal)

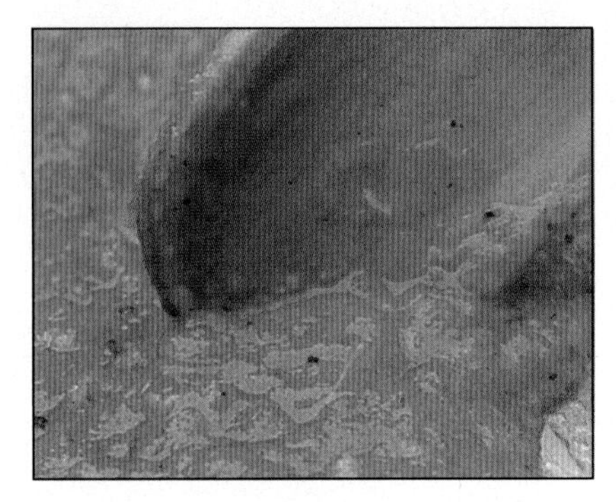

*Cocinar la salsa de jitomate a fuego medio hasta que espese.*

*Romper un huevo con cuidado en cada molde engrasado.*

## Huevos en cacerola

Tiempo de preparación: 15 minutos
Tiempo total de cocción: 30 minutos
Porciones: 4

*Salsa de jitomate*
1 cucharada de aceite de oliva
1 diente de ajo, machacado
3 jitomates (aproximadamente 300g), pelados, sin semillas y picados
½ cucharadita de aceite de oliva
4 huevos
salsa Tabasco al gusto
2 cucharadas de cebollín fresco, picado
4 rebanadas gruesas de pan multigrano
1 cucharada de margarina

**1** Precalentar el horno a 180°C (350°F). Para hacer la salsa: En un sartén calentar el aceite de oliva, agregar el ajo y cocinar durante 1 minuto o hasta que tome un color dorado claro. Agregar el jitomate y sazonar con sal y pimienta. Tapar y dejar a fuego medio durante 15 minutos o hasta que haya espesado.

**2** Engrasar con aceite de oliva 4 moldes individuales para horno, romper un huevo con cuidado en cada molde, sin romper la yema. Verter la salsa de jitomate sobre la clara, con cuidado de no cubrir la yema. Agregar la salsa Tabasco, esparcir el cebollín y sazonar con sal y pimienta negra recién molida.

**3** Colocar los moldes sobre una charola profunda para horno, llenarla con agua hasta la mitad. Hornear de 10 a 12 minutos o hasta que la clara cuaje. Tostar las rebanadas de pan, untar un poco de margarina y cortar en 4 tiras. Servir de inmediato con el huevo.

VALOR NUTRICIONAL POR PORCIÓN
Grasa 15g; Proteínas 11g; Carbohidratos 20g; Fibra dietética 3g; Colesterol 187.5mg; 1075kJ (255cal)

*Hornear las mitades de jitomate preparados en el horno tibio hasta que estén muy suaves.*

*Usar 2 cucharas para darle forma de quenelle (como balón de fútbol americano) al queso ricotta.*

*Batir suavemente las claras de huevo batido con la mezcla de quesos.*

## Waffles de cebolla y queso con jitomates rostizados y ricotta con hierbas

Tiempo de preparación: 20 minutos
Tiempo total de cocción: 1 hora 15 minutos
Porciones: 4

- 4 jitomates, partidos a la mitad
- 1 cucharada de aceite de oliva
- 1 cucharada de vinagre balsámico
- 1 cucharadita de azúcar
- 1 cucharada de orégano fresco, picado
- 1 ¼ de taza (310g) de queso ricotta, bajo en grasa
- 4 cucharadas de hierbas frescas, picadas (orégano, romero, salvia, perejil)
- ½ cucharadita de bicarbonato
- 1 ½ tazas 185g de harina
- 3 cucharadas de queso parmesano, recién rallado
- 3 cucharadas de queso cheddar bajo en grasa, rallado
- 3 cebollas de cambray, finamente picadas
- 1 huevo
- 1 taza (250ml) de leche baja en grasa
- 2 claras de huevo
- orégano fresco para decorar

**1** Precalentar el horno a 160°C (315°F). Engrasar ligeramente una charola para horno. Poner los jitomates, rociarlos con aceite de oliva y vinagre balsámico. Espolvorear con el azúcar, orégano y sal. Hornear durante 1 hora o hasta que estén muy suaves.

**2** En un tazón mezclar el queso ricotta con las hierbas picadas. Sazonar al gusto. Usar 2 cucharas para dar forma de quenelle (como balón de fútbol americano) al queso con hierbas. Refrigerar hasta usarse.

**3** En un tazón mezclar bien el bicarbonato, el harina, el queso parmesano, el queso cheddar, la cebolla, los huevos y la leche. Sazonar con sal y pimienta. Batir las claras hasta que formen picos suaves y revolverlas suavemente con la mezcla de quesos.

**4** Precalentar la wafflera y barnizar con un poco de aceite de oliva. Verter ⅓ de taza (80ml) de la mezcla y cocinar hasta que estén dorados de ambos lados. Mantener calientes en lo que se prepara el resto de los waffles.

**5** Para servir: Acomodar 2 waffles en un plato con 2 mitades de jitomate y 2 quenelles de queso a un lado. Decorar con una ramita de orégano fresco.

**VALOR NUTRICIONAL POR PORCIÓN**
Grasa 14g; Proteínas 24g; Carbohidratos 41g; Fibra dietética 3.5g; Colesterol 84.5mg; 1620kJ (385cal)

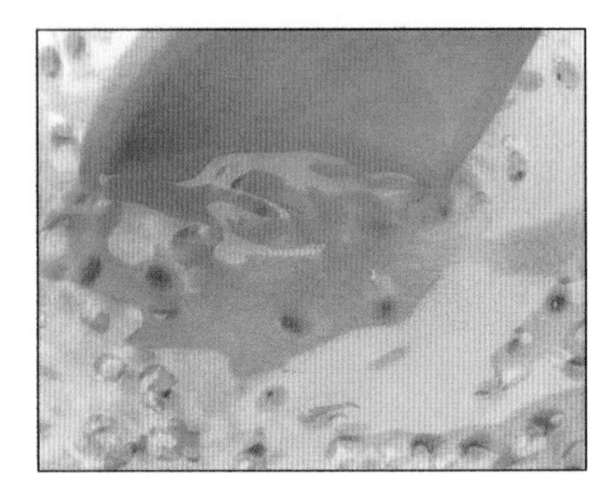

Revolver la pulpa de maracuyá con la infusión colada de jengibre y limoncillo.

Pelar la papaya y sacar las semillas con una cuchara.

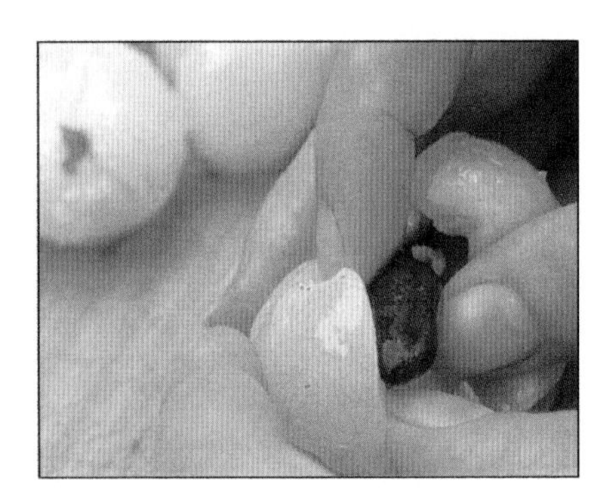

Pelar los lichis y sacar la semilla.

## Ensalada de fruta con infusión de jengibre y limoncillo

Tiempo de preparación: 20 minutos
Tiempo total de cocción: 10 minutos
Porciones: 4

¼ de taza (60g) de azúcar
1 jengibre fresco (aproximadamente de 2x2cm), en rebanadas
1 ramita de limoncillo, magullado y a la mitad
1 maracuyá grande, la pulpa
1 papaya (560g)
½ melón (800g)
1 mango (535g)
12 lichis, frescos
1 piña (1k)
¼ de taza (5g) de menta, picada en tiras

**1** En un sartén pequeño poner el azúcar, el jengibre y el limoncillo; agregar ½ taza (125ml) de agua y revolver hasta que el azúcar se haya disuelto. Hervir durante 5 minutos o hasta que se reduzca a ⅓ de taza (80ml), enfriar. Colar y agregar la pulpa de maracuyá.
**2** Pelar la papaya y el melón y sacar las semillas. Cortar en cubos de 4cm. Pelar y quitar el hueso del mango, cortar en cubos. Pelar y descorazonar la piña, cortarla en cubos. Pelar los lichis y hacer una pequeña hendidura para quitar la semilla.
**3** Para servir: Colocar la fruta en un tazón y bañarla con la infusión de jengibre y limoncillo. Adornar con la menta.

VALOR NUTRICIONAL POR PORCIÓN
Grasa 2g; Proteínas 7g; Carbohidratos 80g; Fibra dietética 13.5g; Colesterol 0mg; 1485kJ (355cal)

**NOTA**

Los lichis frescos pueden sustituirse por lichis de lata.

## Muffins de fruta

Tiempo de preparación: 15 minutos
+5 minutos para remojar
Tiempo total de cocción: 20 minutos
Porciones: 4

1 taza (160g) de fruta seca, picada (chabacanos, dátiles, duraznos, manzanas, etc.)
1 ½ tazas (225g) de harina integral
½ cucharadita de bicarbonato
1 cucharadita de polvo para hornear
1 taza (150g) salvado de avena
⅓ de taza (60g) de azúcar morena
300ml de leche baja en grasa
1 huevo
1 cucharada de aceite

**1** Precalentar el horno a 180°C (350°F). Engrasar con mantequilla una charola para 12 muffins. En un tazón remojar la fruta seca en ¼ de taza (60ml) de agua hirviendo durante 5 minutos.
**2** Cernir el harina, el polvo para hornear y el bicarbonato. Revolver con el salvado de avena y el azúcar.
**3** En otro tazón mezclar la leche, los huevos y el aceite. Colar la fruta seca y agregarla, junto con la mezcla de leche, a la de harina, revolver hasta integrar sin batir demasiado.
**4** Verter la mezcla en la charola para muffins. Hornear durante 20minutos o hasta que estén esponjados y dorados o que al introducir en el centro un palillo, éste salga limpio. Dejar enfriar unos minutos en la charola y desmoldar sobre una rejilla. Servir tibios o a temperatura ambiente.

VALOR NUTRICIONAL POR MUFFIN
Grasa 3.5; Proteínas 6g; Carbohidratos 33g; Fibra dietética 4.5g; Colesterol 16.5mg; 755kJ (180cal)

*Remojar en agua hirviendo la fruta seca hasta que se hidrate y esté suave.*

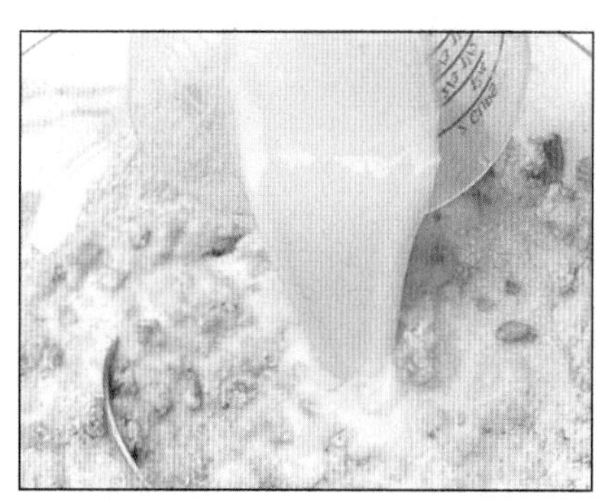

*Agregar la fruta remojada y la mezcla de leche a los ingredientes secos.*

*Dividir la mezcla en la charola para muffins.*

## Ricotta al horno con pimiento y pesto

Tiempo de preparación: 10 minutos
Tiempo total de cocción: 45 minutos
Porciones: 6

1 pimiento rojo grande, cortado en cuartos y sin semillas
750g de queso ricotta bajo en grasa
1 huevo
6 rebanadas de pan integral

*Pesto*
2 cucharadas de piñones
2 tazas (100g) de albahaca fresca
2 dientes de ajo
2 cucharadas de aceite de oliva
2 cucharadas de queso parmesano fresco, rallado

**1** Cocer en la parrilla los pimientos, con la piel hacia abajo, de 5 a 6 minutos o hasta que la piel esté negra y se desprenda. Colocarlos en un tazón y taparlos con plástico hasta que se enfríen. Quitar la piel y cortar en tiras de 2cm) de ancho.
**2** Para hacer el pesto: Poner en el procesador los piñones, la albahaca y el ajo durante 15 segundos o hasta que todo esté picado finamente. Mientras procesa agregar el aceite en un chorro delgado y continuo, sazonar con sal y pimienta negra recién molida. Integrar el queso parmesano.
**3** Precalentar el horno a 180°C (350°F). Engrasar una charola para 6 muffins
**4** Revolver el queso ricotta con el huevo y sazonar con sal y pimienta. Dividir los pimientos en la charola para muffins, poner 2 cucharadas de pesto y agregar la mezcla de ricotta.
**5** Hornear de 35 a 40 minutos o hasta que el ricotta esté firme y dorado. Dejar enfriar y desmoldar. Tostar las rebanadas de pan y cortarlas en tiras. Servir el ricotta horneado con un poco de pan y el resto del pesto a un lado.

**VALOR NUTRICIONAL POR PORCIÓN**
Grasa 21g; Proteínas 20g; Carbohidratos 22g; Fibra dietética 2.5g; Colesterol 72mg; 1530kJ (365cal)

*Cocer en la parrilla los pimientos hasta que la piel esté negra y arrugada. Quitarles la piel.*

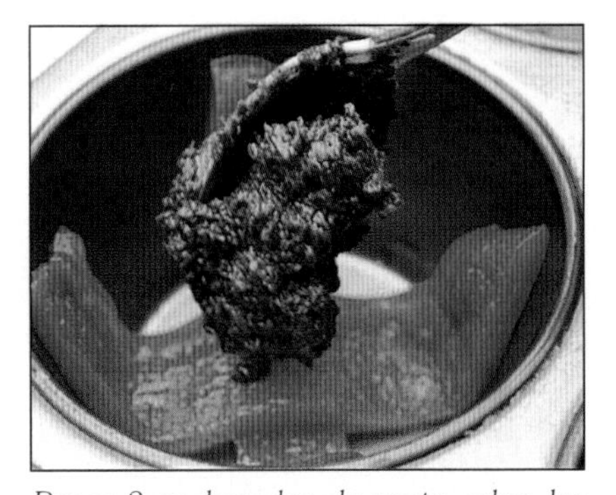

*Poner 2 cucharadas de pesto sobre las tiras de pimiento.*

*Hornear los muffins de ricota hasta que estén firmes y dorados.*

## Omelette con salmón ahumado espárragos y eneldo

Tiempo de preparación: 10 minutos
Tiempo total de cocción: 10 minutos
Porciones: 4

6 claras de huevo
6 huevos
2 cucharadas de queso ricotta bajo en grasa
2 cucharadas de eneldo fresco, picado
420g de espárragos frescos, cortados en pedazos de 5cm
100g de salmón ahumado, en rebanadas delgadas
rodajas de limón para decorar
ramitos de eneldo fresco para decorar

**1** Batir las claras de huevo hasta que estén espumosas. En otro tazón batir los huevos con el queso ricotta hasta que se combinen. Sazonar y mezclar con el eneldo.
**2** En una olla de agua hirviendo con un poco de sal cocer los espárragos de 1 a 2 minutos o hasta que estén suaves pero firmes. Colar y sumergirlos en agua con hielo para refrescar.
**3** Calentar a fuego bajo un sartén antiadherente de 24cm, rociar con aceite en spray. Verter la mitad de la mezcla de huevos y acomodar encima la mitad de los espárragos. Tapar y dejar cocinar a fuego medio hasta que el huevo empiece a cuajar, doblar a la mitad, voltearlo y dejar que se cueza del otro lado, transferir a un platón para servir. Repetir con el resto de la mezcla.
**4** Para servir: Acomodar el salmón ahumado sobre el omelette y decorar con las rodajas de limón y las ramas de eneldo.

VALOR NUTRICIONAL POR PORCIÓN
Grasa 19g; Proteínas 49g; Carbohidratos 4g; Fibra dietética 3g; Colesterol 595mg; 1620kJ (390cal)

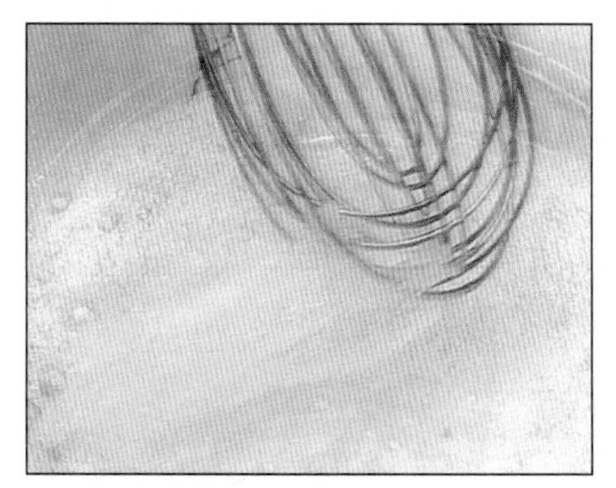

*En un tazón limpio y seco batir las claras de huevo hasta que estén espumosas.*

*Sumergir los espárragos en agua con hielo para refrescar y detener el cocimiento.*

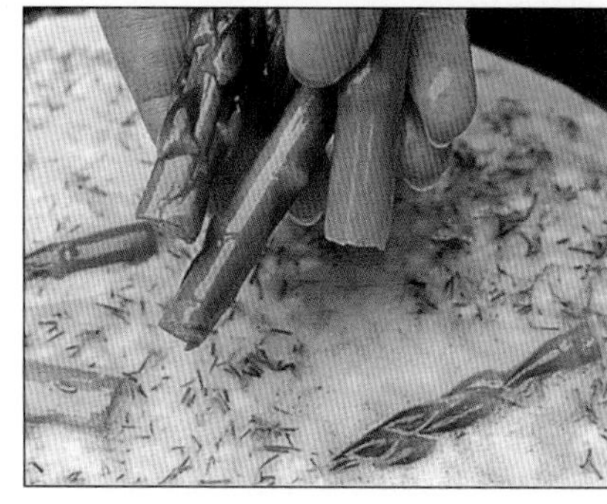

*Acomodar la mitad de los espárragos sobre la mezcla de huevo.*

# Botanas

**Estas botanas son un ejemplo de que el sabor puede combinar con la salud.**

## BRUSCHETTTA

Revolver 4 jitomates picados, 2 cucharadas de aceite de oliva, 1 cucharada de vinagre balsámico y 2 cucharadas de albahaca picada. Sazonar bien. Tostar por un solo lado 8 rebanadas de pan de costra dura (tipo baguette), del día anterior. Untar con ajo pelado el lado tostado del pan, poner el jitomate encima y decorar con un poco más de albahaca picada. Porciones: 8.

VALOR NUTRICIONAL POR BRUSCHETTA
Grasa 9g; Proteínas 3.5g; Carbohidratos 17; Fibra dietética 2g; Colesterol 0mg; 710kJ (170cal)

## CHAMPIÑONES RELLENOS DE COUS COUS CONDIMENTADO

Pelar y quitar los troncos de 8 champiñones salvajes, ponerlos en la parrilla con el lado cortado hacia arriba. En un tazón mezclar ½ taza (95g) de cous cous instantáneo, 1 cucharada de aceite de oliva extra virgen, 1 cucharadita de comino molido, ¼ de cucharadita de pimienta de Cayena y 2 cucharaditas de ralladura fina de limón. Sazonar. Revolver bien y agregar ½ taza (125ml) de caldo de pollo hirviendo, tapar. Dejar reposar por 5 minutos. Revolver el cous cous con un tenedor. Añadir un jitomate finamente picado, 1 cucharada de jugo de limón, 2 cucharadas de perejil fresco picado y 2 cucharadas de menta fresca picada. Rellenar cada champiñón con la mezcla de cous cous y presionar firmemente. Cocer a la parrilla hasta que el cous cous esté dorado. Servir caliente o frío. Porciones: 8

VALOR NUTRICIONAL POR CHAMPIÑÓN
Grasa 2g; Proteínas 3g; Carbohidratos 11g; Fibra dietética 1g; Colesterol 0mg; 317kJ (75cal)

## PIZZETTA

En un tazón cernir 1 taza (125g) de harina, agregar 1 taza (150g) de harina, 2 cucharadas de levadura seca, ½ cucharadita de azúcar, ½ cucharadita de sal. Formar una fuente en el centro y añadir ½ taza (125ml) de agua y 2 cucharadas de yogurt natural. Revolver hasta formar una masa. Amasar sobre una superficie enharinada durante 5 minutos o hasta que esté suave y elástica. Tapar con una toalla y dejar reposar en un lugar tibio de 20 a 30 minutos o hasta que doble su tamaño. Precalentar el horno a 200°C (400°F). Amasar durante 30 segundos y dividirla en 4 porciones. Extender cada porción en círculos de 15cm y colocarlas sobre una charola para hornear. Mezclar 2 cucharadas de puré de jitomate, 1 diente de ajo machacado, 1 cucharadita de orégano seco y 1 cucharada de agua. Untar con esta mezcla cada círculo de masa, poner encima 20g de jamón y 2 cucharadas de queso mozzarella light rallado. Hornear de 12 a 15 minutos o hasta que esté crujiente y las orillas estén doradas. Antes de servir decorar con un poco de arúgula picada y aceite de oliva extra virgen. Porciones: 4

VALOR NUTRICIONAL POR PIZZETTA
Grasa 5g; Proteínas 17g; Carbohidratos 45g; Fibra dietética 6g; Colesterol 23mg; 1235kJ

(295cal)

## Nuggets de pollo al horno con aderezo de mostaza y miel

Precalentar el horno a 200°C (400°F). En el procesador moler 1 ½ tazas (45g) de hojuelas de maíz hasta obtener migajas finas. Cortar 400g de pechuga de pollo en pedazos pequeños (como para un bocado), revolcarlos en harina sazonada con sal y pimienta, pasarlos por claras de huevo batido, revolcar en las migajas de las hojuelas de maíz. Rociar con aceite en spray una charola para horno, acomodar los nuggets y hornear de 10 a 12 minutos. Para el aderezo: Mezclar 1 ½ cucharadas de miel y 2 cucharadas de mostaza Dijon. Servir el aderezo con los nuggets. Porciones: 4

VALOR NUTRICIONAL POR PORCIÓN
Grasa 4 g; Proteínas 24.5g; Carbohidratos 17.5g; Fibra dietética 0.5g; Colesterol 50mg; 850kJ

(205cal)

## Dip de berenjena

Asar 2 berenjenas, girar ocasionalmente hasta que la carne esté suave y la piel esté chamuscada . También pueden hornearse a 200°C (400°F) durante 50 minutos. Enfriar, pelar y dejar que escurran en una coladera durante 20 minutos. En el procesador moler la berenjena, un diente de ajo machacado, ½ cucharadita de curry en polvo y ½ cucharadita de comino molido. Sin apagar el procesador agregar poco a poco el aceite de oliva, suficiente para que quede una mezcla suave. Sazonar con sal, pimienta, jugo de limón y cilantro picado al gusto. Servir con verdura fresca cortada en tiras. Porciones: 4-6.

VALOR NUTRICIONAL POR PORCIÓN (6)
Grasa 2g; Proteínas 1.5g; Carbohidratos 3.5g; Fibra dietética 3g; Colesterol 1mg; 155kJ (35cal)
(foto 3 pág 43)

## Sushi

Enjuagar 1 taza (200g) de arroz para sushi hasta que el agua salga transparente. Poner en un sartén 1 ¼ tazas (310ml) de agua y el arroz, dejar hervir. Tapar y bajar la temperatura a fuego bajo durante 12 minutos o hasta que se haya absorbido el agua. Retirar del fuego y dejar tapado por 15 minutos. Mezclar 2 cucharadas de vinagre blanco de arroz, 1 cucharada de azúcar y una pizca de sal hasta que se disuelva. Mezclar con el arroz. Ponerlo en un tazón y dejar enfriar tapado con un trapo húmedo. Cortar las hojas de algas nori en cuartos. Colocar un pedazo de alga sobre la mano y poner 1 ½ cucharadas de arroz en el centro. Esparcir un poco de wasabi encima del arroz y poner 2 ó 3 rellenos (por ejemplo sashimi de atún, pepino rebanado, camarones cocidos, salmón fresco o ahumado, rebanadas de aguacate o espinacas cocidas). Enrollar en forma de cono y servir con salsa de soya para remojar. Porciones: 4-6.

VALOR NUTRICIONAL POR PORCIÓN
Grasa 2g; Proteínas 7g; Carbohidratos 22g; Fibra dietética 2.5g; Colesterol 37.5mg; 575kJ (135cal)

# PLATOS FUERTES

## Verduras rostizadas con ensalada y aderezo de feta

Tiempo de preparación: 20 minutos
Tiempo total de cocción: 50 minutos
Porciones: 4

150g de queso feta bajo en grasa
⅓ taza (80ml) de leche baja en grasa
3 cucharadas de aceite de oliva
6 jitomates, cortados a la mitad a lo largo
400g de calabaza de castilla, pelada, sin semillas y cortada en pedazos
1 cebolla morada, cortada en 8 gajos
4 calabazas zucchini, cortadas a la mitad
8 dientes de ajo, sin pelar
1 cucharadita de tomillo fresco
50g de hojas de arúgula
1 cucharada de piñones, tostados

**1** Para hacer el aderezo: Mezclar en el procesador la leche y el queso feta de 20 a 30 segundos o hasta que se combinen. Sin apagar el procesador añadir gradualmente 1 cucharada de aceite de oliva . Sazonar con un poco de sal. Guardar en un recipiente hermético en el refrigerador hasta que se necesite.
**2** Precalentar el horno a 200°C (400°F). En un tazón grande poner los jitomates, la calabaza de castilla, la calabaza zucchini, la cebolla, el ajo y el tomillo, añadir el resto del aceite de oliva y sazonar con sal y pimienta negra recién molida. Revolver hasta que las verduras queden cubiertas por el aceite. En una charola para horno engrasada acomodar las verduras y rostizar de 45 a 50 minutos o hasta que la calabaza de castilla esté completamente cocida. Retirar las verduras y dejar enfriar.
**3** Colocar las hojas de arúgula en una ensaladera y acomodar las verduras encima. Verter el aderezo y esparcir los piñones.

VALOR NUTRICIONAL POR PORCIÓN
Grasa 22g; Proteínas 16g; Carbohidratos 12g; Fibra dietética 4.5g; Colesterol 23mg; 1285kJ (305cal)

*Mezclar en el procesador el queso feta y la leche, agregar el aceite.*

*Bañar las verduras con el resto de aceite de oliva, el tomillo y los condimentos.*

*Hacer un rollo largo y uniforme con la masa y cortar pedazos de 2cm.*

*Colocar un pedazo de la masa sobre la mano y presionar suavemente con los dientes de un tenedor.*

## Gnocchi de ricotta y hierbas con salsa de jitomate

Tiempo de preparación: 40 minutos + 1 hora para enfriar
Tiempo total de cocción: 30 minutos.
Porciones: 4

*Gnocchi*
450g de queso ricotta bajo en grasa
⅓ de taza (35g) de queso parmesano fresco, rallado
½ taza (20g) de hierbas frescas mixtas (perejil, albahaca, cebollín, tomillo, orégano)
1 pizca de nuez moscada
1 ½ tazas (120g) de pan blanco molido, fresco
2 huevos pequeños, batidos
harina

*Salsa de jitomate*
1 cucharada de aceite de oliva
1 cebolla, finamente picada
2 dientes de ajo, machacados
½ taza (125 ml) de vino blanco seco
800g de jitomates, pelados, sin semillas y cortados en cubos
1 cucharada de albahaca fresca, picada

**1** Para hacer los gnocchi: Revolver en un tazón el queso ricotta, el parmesano, las hierbas, la nuez moscada, el pan molido y los huevos, sazonar. Tapar y enfriar por lo menos durante 1 hora.
**2** Para hacer la salsa de jitomate: Calentar el aceite en un sartén grande. Agregar la cebolla y el ajo y cocer a fuego lento, sin que tomen color, de 6 a 7 minutos o hasta que estén suaves. Agregar el vino, aumentar la flama y cocinar hasta que el líquido casi se haya evaporado. Añadir el jitomate, reducir a fuego medio y dejar calentar de 5 a 8 minutos o hasta que la salsa se reduzca y espese un poco. Sazonar con sal y pimienta, añadir la albahaca. Mantener caliente.
**3** Sacar la mezcla de los gnocchi del refrigerador, transferir a una mesa de trabajo ligeramente enharinada. Amasar un poco, añadir más harina si se pega en las manos -la masa debe ser ligera y suave, poco húmeda al tacto pero no pegajosa. Con ⅕ de la masa hacer un rollo largo y uniforme. Cortar trozos de 2cm. Colocar un pedazo de la masa sobre la mano y presionar suavemente con los dientes de un tenedor, presionar un poco con los dedos de manera que el gnocchi quede como una concha (cóncava), las marcas del tenedor deben quedar hacia afuera. Colocar en una charola forrada con papel encerado y continuar con el resto de la masa.
**4** En una cacerola con agua hirviendo y sal cocer por tandas los gnocchi. Están cocidos cuando todos flotan en la superficie después de 2 ó 3 minutos de cocción. Sacar con una cuchara agujerada y escurrir. Mantener calientes en lo que se cuece el resto.
**5** Colocar los gnocchi en un tazón para servir y verter la salsa. Adornar con queso parmesano rallado al gusto.

VALOR NUTRICIONAL POR PORCIÓN
Grasa 20g; Proteínas 23g; Carbohidratos 24g; Fibra dietética 4g; Colesterol 133mg; 1635kJ (390cal)

# Filete de res teriyaki con ensalada de pepino

Tiempo de preparación: 20 minutos + 30 minutos para refrigerar + 10 minutos para reposar
Tiempo total de cocción: 20 minutos
Porciones: 4

4 filetes de res
1/3 de taza (80ml) de salsa de soya
2 cucharadas de mirin
1 cucharada de sake (opcional)
1 diente de ajo, machacado
1 cucharadita de jengibre fresco, rallado
1 cucharadita de azúcar
1 cucharadita de semillas de ajonjolí, tostadas

*Ensalada de pepino*
1 pepino grande, pelado, sin semillas y cortado en cubos.
½ pimiento rojo, en cubos
2 cebollas de cambray, rebanadas diagonalmente
2 cucharaditas de azúcar
1 cucharada de vinagre de vino de arroz

**1** En un refractario de vidrio, poner los filetes. Combinar la soya, el mirin. el sake, el ajo y el jengibre y verter sobre los filetes. Tapar el refractario con plástico y refrigerar al menos durante 30 minutos.
**2** Para la ensalada de pepino: Poner en un tazón el pepino, el pimiento y la cebolla. En un sartén pequeño revolver a fuego medio el azúcar, el vinagre, y ¼ de taza (60ml) de agua, calentar hasta que el azúcar se haya disuelto. Aumentar el fuego y hervir de 3 a 4 minutos o hasta que espese ligeramente. Verter sobre la ensalada de pepino y revolver hasta combinar, dejar enfriar por completo.
**3** Rociar con aceite en spray la parrilla y calentar muy bien. Escurrir los filetes y reservar la marinada. Cocer por 3 ó 4 minutos de cada lado o hasta que el término de cocción esté al gusto. Poner la carne en un refractario y dejar reposar de 5 a 10 minutos antes de rebanar.
**4** En un sartén poner el azúcar y la marinada, calentar hasta que el azúcar se haya disuelto. Hervir y bajar la temperatura de 2 a 3 minutos, retirar del fuego y mantener caliente.
**5** Rebanar cada filete en tiras de 1cm, siguiendo la forma del filete. Acomodar un filete en cada plato y poner encima un poco de la marinada y ensalada de pepino. Decorar con ajonjolí. Acompañar con arroz al vapor.

VALOR NUTRICIONAL POR PORCIÓN
Grasa 5g; Proteínas 23g; Carbohidratos 6g; Fibra dietética 1g; Colesterol 67mg; 720kJ (170cal)

*Mezclar el pepino, el pimiento y la cebolla con el aderezo.*

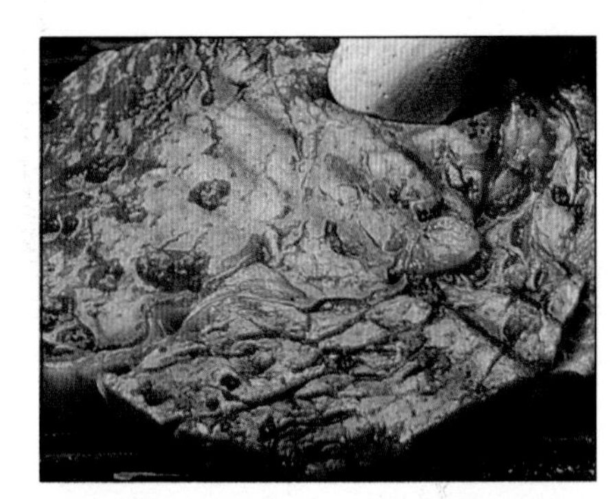

*Cocer los filetes por 3 ó 4 minutos de cada lado o hasta que el término de cocción esté al gusto.*

Picar la lechuga en pedazos pequeños.

Hornear el pan cortado en cubos hasta que tenga un color dorado-café.

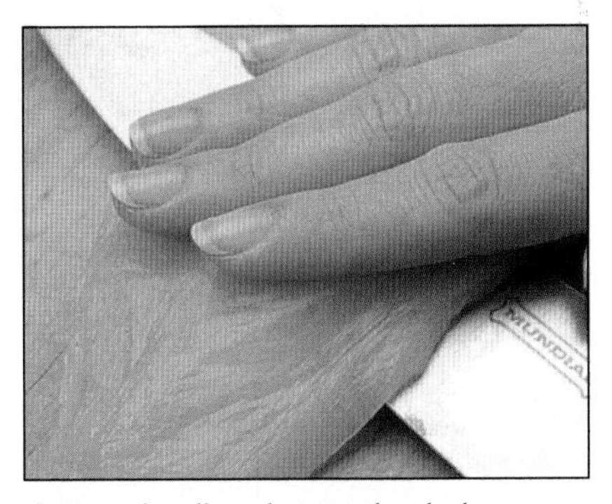

Cortar el pollo a la mitad, a lo largo.

Batir todos los ingredientes del aderezo hasta que se integren.

## Ensalada César con pollo baja en grasa

Tiempo de preparación: 25 minutos
Tiempo total de cocción: 35 minutos
Porciones: 4

100g de pan blanco, en rebanadas gruesas y sin orillas
8 rebanadas de tocino, sin grasa (aproximadamente 90g)
500g de filete de pechuga de pollo, sin piel
¾ de cucharadita de sal de ajo
1 lechuga romana (reservar unas hojas para decorar y picar el resto en pedazos pequeños)
2 cucharadas de queso parmesano, recién rallado
4 anchoas, coladas y picadas

*Aderezo*
2 diente de ajos, machacados
2 cucharaditas de salsa inglesa
1 cucharada de mostaza de Dijon
1 ½ cucharadas de jugo de limón
2 anchoas, coladas y finamente picadas
2 cucharadas de aceite de oliva
½ cucharadita de azúcar
salsa Tabasco al gusto

**1** Precalentar el horno a 180°C (350°F). Cortar el pan en cubos de 1.5cm y repartir en una charola para horno. Hornear de 12 a 15 minutos o hasta que tengan color dorado-café. Dejar enfriar.
**2** Cortar el tocino en tiras de 5mm y ponerlo sobre una charola para horno forrada con papel de aluminio. Hornear de 10 a 12 minutos o hasta que esté de tono ligeramente café. Escurrir sobre papel de cocina y dejar enfriar.
**3** Cortar el pollo a la mitad (a lo largo). Sazonar con la sal de ajo. Cocer a la parrilla de 3 a 4 minutos de cada lado y hasta que estén cocidas. Retirar y dejar enfriar un poco.
**4** Para hacer el aderezo: Batir todos los ingredientes hasta integrar.
**5** Repartir en un tazón para ensalada las lechugas enteras y acomodar el resto. Rebanar las pechugas de pollo en cortes diagonales y acomodarlas sobre la lechuga. Verter el aderezo sobre el pollo y poner algunos crutones y el tocino. Espolvorear el queso parmesano y decorar con las anchoas picadas.

VALOR NUTRICIONAL POR PORCIÓN
Grasa 20g; Proteínas 37g; Carbohidratos 14g; Fibra dietética 2g; Colesterol 102mg; 1590kJ (380cal)

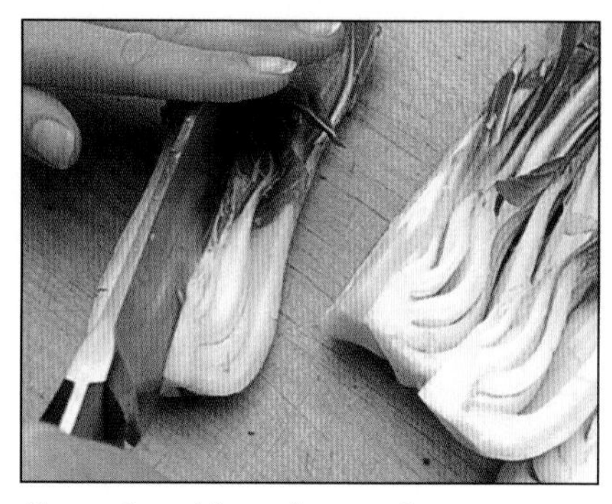

*Cortar la col boc choy en 8 partes*

*Cocer los noodles hasta que estén suaves, escurrir, enjuagar y volver a escurrir.*

*Sofreír el pollo con la mezcla de jengibre y chile hasta que tenga un color café y esté casi cocido.*

## Pollo con ajonjolí y noodles Shanghai

Tiempo de preparación: 20 minutos
Tiempo total de cocción: 15 minutos
Porciones: 4

600g de noodles Shanghai
1 cucharada de aceite de oliva
1 cucharada de jengibre, cortado en tiras delgadas
1 chile rojo fresco, sin semillas y picado finamente
500g de filetes de pechuga de pollo, cortados en rebanadas de 1cm
2 dientes de ajo, machacados
¼ de taza (60ml) de salsa de soya, baja en sodio
3 cucharadas de aceite de ajonjolí
700g de col boc choy, rebanada a lo largo en 8 partes
2 cucharadas de semillas de ajonjolí, tostadas

**1** Cocer los noodles en una olla con agua hirviendo durante 4 ó 5 minutos o hasta que estén suaves. Colar y enjuagar con agua fría, volver a colar.

**2** Calentar aceite en un wok. Agregar el jengibre y el chile, cocinar durante 1 minuto y añadir el pollo, cocinar de 3 a 5 minutos o hasta que tenga color café y esté casi cocido.

**3** Agregar el ajo y cocinar un minuto más. Verter la soya y el aceite de ajonjolí, revolver hasta que se integre perfectamente. Agregar la col boc choy y los noodles. Cocinar hasta que la col esté suave y los noodles se hayan calentado. Servir en tazones individuales y espolvorear con semillas de ajonjolí.

VALOR NUTRICIONAL POR PORCIÓN
Grasa 19g; Proteínas 45g; Carbohidratos 80g; Fibra dietética 6g; Colesterol 102mg; 2850kJ (680cal)

## Estofado de cerdo asiático

Tiempo de preparación: 20 minutos
Tiempo total de cocción: 50 minutos
Porciones: 4

2 cucharadas de aceite de oliva
2 dientes de ajo, machacado
2 cucharadas de jengibre fresco, cortado en tiras delgadas
1 cucharadita de pimienta de Sechuan, molida
1 anís
800g de filete de cerdo, cortado en cubos de 3cm
1 taza (250ml) de caldo de pollo
1 cucharada de salsa de soya, baja en sodio
1 cucharada de maicena
2 cucharaditas de pasta de chile y frijol
250g de brócoli chino, cortado en 4cm

**1** En un sartén calentar a fuego alto el aceite de oliva. Agregar el ajo, el jengibre, la pimienta de Sechuan y el anís, cocinar durante 30 segundos o hasta que empiece a oler. Añadir la carne de cerdo y revolver.
**2** Agregar el caldo de pollo, la soya y 1 taza (250ml) de agua, hervir. Reducir el fuego y dejar cocinar durante 40 minutos o hasta que la carne esté suave. Mezclar 2 cucharadas del líquido de cocción con la maicena, revolver hasta integrar. Agregar al sartén y cocinar a fuego medio de 3 a 4 minutos hasta que la mezcla haya espesado un poco.
**3** Revolver la pasta de chile y frijol y el brócoli chino, cocinar otros 2 minutos o hasta que el brócoli esté suave. Servir con arroz hervido.

VALOR NUTRICIONAL POR PORCIÓN
Grasa 7g; Proteínas 47g; Carbohidratos 4g; Fibra dietética 3g; Colesterol 190mg; 1135kJ (270cal)

*Machacar la pimienta de Sechuan.*

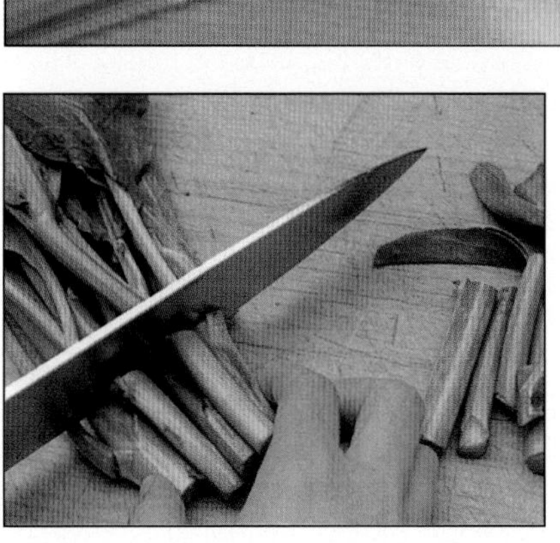

*Cortar el brócoli chino en pedazos de 4cm.*

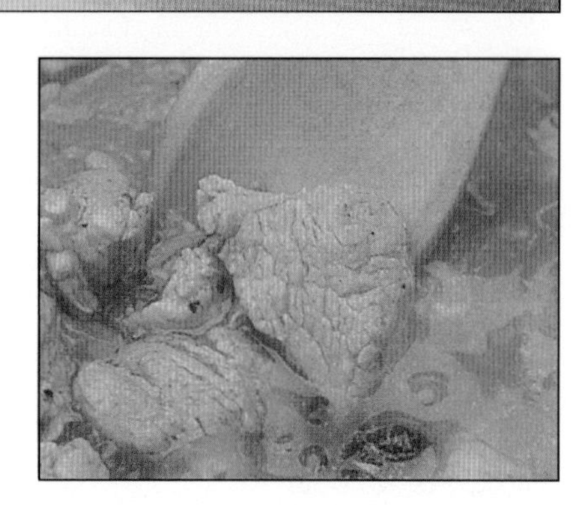

*Mezclar la maicena disuelta con el estofado hasta que espese ligeramente.*

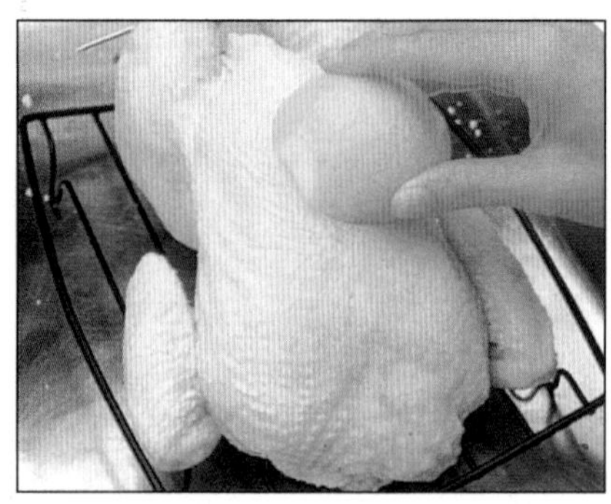

*Cortar el limón restante y frotarlo sobre todo el pollo.*

*Verificar si el pollo está cocido metiendo un palillo para brocheta entre el cuerpo y la pierna.*

*Agregar las verduras y el ajo a la marinada y revolver hasta que todo quede cubierto.*

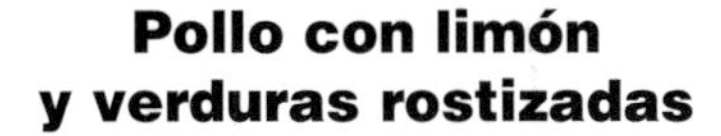

## Pollo con limón y verduras rostizadas

Tiempo de preparación: 20 minutos + 10 minutos para reposar
Tiempo total de cocción: 1 hora 10 minutos
Porciones: 4

1.4kg de pollo
2 hojas de laurel
2 limones
2 ramitas de tomillo fresco
2 ramitas de mejorana
1 cucharada de tomillo fresco, picado
1 cucharada de mejorana fresca, picada
3 cucharadas de aceite de oliva
12 papas de cambray
300g de camote anaranjado, pelado y cortado en 8 pedazos
8 echalotes, sin pelar
2 calabazas zucchini grandes, partidas a la mitad a lo largo y a lo acho
8 dientes de ajo, sin pelar

**1** Precalentar el horno a 200°C (400°F). Secar el pollo con papel absorbente y acomodarlo sobre una rejilla en una charola profunda para horno. Sazonar por dentro con el laurel, 1 limón entero y las ramitas de tomillo y mejorana. Cortar a la mitad el limón restante y frotarlo sobre todo el pollo, partir el limón en 4 partes y reservar. Sazonar el pollo y rostizarlo durante 1 hora 10 minutos o hasta que esté de color café y, al introducir un palillo para brocheta entre el cuerpo y el muslo, el jugo salga claro, bañar cada 20 minutos con el jugo que suelte el pollo. Tapar con papel de aluminio y dejar reposar de 5 a 10 minutos antes de rebanarlo.

**2** Para rostizar las verduras: Combinar la mejorana y el tomillo picados con el aceite, la sal, la pimienta y el limón reservado. Añadir las verduras y el ajo a la marinada y revolver hasta que todo quede cubierto.

**3** Acomodar en una charola para horno las papas de cambray, los camotes y los echalotes, meter en el horno 15 minutos después del pollo. Rostizar durante 25 minutos y luego agregar las calabazas (la parte de adentro hacia la charola) y el ajo. Cocer otros 25 minutos o hasta que estén doradas y suaves, voltear las verduras de vez en cuando para que no se quemen. Retirar las rebanadas de limón. Cortar el pollo y servir con las verduras rostizadas.

VALOR NUTRICIONAL POR PORCIÓN
Grasa 23g; Proteínas 46g; Carbohidratos 37g; Fibra dietética 7.5g; Colesterol 180mg; 2280kJ (545cal)

**NOTA**

Es importante no pelar ajo y el echalote para evitar que se quemen durante la cocción.

## Brochetas de pez espada con puré de alubias

Tiempo de preparación: 25 minutos + 30 minutos para marinar
Tiempo total de cocción: 20 minutos
Porciones: 4

1kg de filete de pez espada, cortado en cubos de 3cm
1 cucharada de aceite de oliva
2 cucharadas de jugo de limón
1 diente de ajo, machacado
1 cucharada de romero fresco, picado
1 cucharada de tomillo fresco, picado
2 cucharadas de perejil liso fresco, picado

*Puré de alubias*
2 latas de alubias de 400g cada una
1 ½ tazas (375ml) de caldo de pollo
2 hojas de laurel fresco
2 dientes de ajo, machacados
1 cucharadita de tomillo fresco, picado
½ cucharadita de ralladura de cáscara de limón
¼ de taza (60ml) de aceite de oliva extra virgen

**1** Remojar 8 palillos de madera para brocheta durante 30 minutos mínimo para evitar que se quemen durante la cocción. Ensartar los pedazos de pescado en los palillos. Mezclar el aceite de oliva, el limón, el ajo, el romero y el tomillo. En un refractario grande poner las brochetas y verter la mezcla de aceite de oliva. Tapar con plástico y refrigerar durante 30 mínimo minutos.

**2** Para hacer el puré de alubias: Colar y enjuagar las alubias, ponerlas en una cacerola grande. Agregar el caldo de pollo, las hojas de laurel, y ½ taza (125ml) de agua. Hervir y reducir el fuego, cocinar durante 10 minutos. Retirar del fuego, apartar 2 cucharadas del líquido y colar.

**3** En el procesador moler las alubias con el líquido de cocción, añadir el ajo, el tomillo y la ralladura de limón. Sazonar con sal y pimienta. Sin apagar el procesador verter el aceite de oliva en un chorrito continuo, seguir procesando hasta que esté bien combinado y suave, mantener caliente.

**4** Calentar la parrilla hasta que esté muy caliente. Cocer las brochetas durante 3-4 minutos, girar regularmente, y barnizar con el resto de la marinada hasta que estén cocidas y doradas.

**5** Servir las brochetas calientes, espolvorear perejil y acompañar con el puré de alubias.

**VALOR NUTRICIONAL POR PORCIÓN**
Grasa 21g; Proteínas 62g; Carbohidratos 18g; Fibra dietética 9g; Colesterol 147mg; 2115kJ (505cal)

*Colar las alubias, colocarlas en un recipiente resistente al fuego y apartar 2 cucharadas del líquido.*

*Moler en el procesador las alubias, el ajo, el tomillo, la ralladura de limón y el aceite de oliva.*

*Cocer a la parrilla las brochetas hasta que estén doradas.*

*Revolver el ajo, los chícharos y la hierbabuena con la mezcla de caldo y poro.*

*Mezclar con la crema, la nuez moscada y el queso parmesano rallado.*

## Tagliatelli con espárragos, chícharos y salsa de hierbas

Tiempo de preparación: 20 minutos
Tiempo total de cocción: 25 minutos
Porciones: 4

375g de tagliatelli seco o 500g de tagliatelli fresco
1 taza (250ml) de caldo de pollo o de verduras
2 poros (solamente la parte blanca), en rebanadas delgadas
3 dientes de ajo, machacados
1 ½ tazas (235g) de chícharos frescos, sin vaina
1 cucharada de hierbabuena o menta fresca, picada
400g de espárragos, cortados en pedazos de 5cm
¼ de taza (15g) de perejil fresco, picado
½ taza (30g) de albahaca fresca, picada
⅓ de taza (80m) de crema baja en grasa
1 pizca de nuez moscada
1 cucharada de queso parmesano, recién rallado
2 cucharadas de aceite de oliva extra virgen, para bañar

**1** En una olla grande poner a hervir agua con sal y cocer el tagliatelli al dente. Escurrir bien.
**2** En una olla poner ½ taza (125ml) del caldo y el poro. Cocer a fuego bajo de 4 a 5 minutos, revolver constantemente. Agregar el ajo, los chícharos y la hierbabuena, cocinar 1 minuto. Añadir el resto del caldo y ½ taza (125ml) de agua, hervir. Reducir a fuego bajo y cocinar durante 5 minutos. Agregar los espárragos, el perejil y la albahaca, sazonar con sal y pimienta. Cocinar otros 3 ó 4 minutos hasta que los espárragos estén tiernos. Aumentar gradualmente la temperatura para que la salsa reduzca. Revolver con la crema, la nuez moscada y el queso parmesano, sazonar si es necesario.
**3** Añadir el tagilatelli a la salsa y mezclar suavemente. Para servir: Repartir entre tazones individuales, rociar un poco de aceite de oliva y queso parmesano al gusto.

VALOR NUTRICIONAL POR PORCIÓN
Grasa 11g; Proteínas 21g; Carbohidratos 76g; Fibra dietética 9g; Colesterol 32mg; 2080kJ (495cal)

# Papas al horno

**La papa es una gran fuente de carbohidratos y fibra. Estas papas al horno son bajas en grasa y nutritivas.**

### Para hornear las papas

Precalentar el horno a 210°C(415°F) . Lavar las papas y picar toda la superficie con un tenedor. Hornear durante 1 hora o hasta que estén suaves al introducir un palillo. Dejar reposar 2 minutos. Cortar en 4 partes sin separar la papa por completo, rellenar al gusto. Las siguientes recetas rinden 4 porciones.

### Aguacate con jitomate y elotes

Quitar las semillas a 2 jitomates y picarlos. En un tazón revolver el jitomate, con 125g de elotes en lata, 2 cebollas de cambray picadas, 1 cucharada de jugo de limón y ½ cucharadita de azúcar. Agregar 1 aguacate partido en cubos y ¼ de taza (15g) de cilantro fresco picado. Sazonar. Poner la mezcla sobre una papa horneada, agregar encima una cucharada de crema baja en grasa (opcional).

VALOR NUTRICIONAL POR PORCIÓN
Grasa 15g; Proteínas 7g; Carbohidratos 33g; Fibra dietética 7.5g; Colesterol 0mg; 1245kJ (300cal)

### Tocino y champiñones

En un sartén antiadherente freír 3 tiras delgadas de tocino hasta que estén doradas. Agregar 1 diente de ajo machacado, 2 cebollas de cambray rebanadas, 1 cucharadita de tomillo fresco y 2 tazas (180g) de champiñones rebanados. Cocinar a fuego alto de 3 a 4 minutos o hasta que el líquido se haya evaporado. Añadir ¾ de taza (185g) de crema baja en grasa y sazonar bien. Reducir a fuego bajo y cocer un minuto más. Agregar 2 cucharadas de perejil fresco picado. Poner un poco de la mezcla en cada papa al horno. Espolvorear un poco más de perejil y queso bajo en grasa rallado.

VALOR NUTRICIONAL POR PORCIÓN
Grasa 13g; Proteínas 14g; Carbohidratos 29g; Fibra dietética 6g; Colesterol 45mg; 1195kJ (285cal)

### Cordero con verduras

En un sartén rociar aceite en spray y calentar a fuego bajo. Cuando esté caliente poner 1 cebolla finamente picada, 1 diente de ajo machacado, 1 zanahoria picada y 1 tallo de apio picado. Cocinar hasta que estén suaves y agregar 250g de carne magra de cordero molida. Cocer 2 a 3 minutos hasta que la carne cambie de color. Añadir 400g de jitomates de lata, 1 cucharada de salsa inglesa, 1 cucharada de pasta de jitomate y ½ taza (125ml) de agua. Cocinar de 20 a 25 minutos o hasta que la salsa haya reducido y esté espesa. Agregar ½ taza (80g) de chícharos congelados y 2 cucharadas de perejil picado. Seguir cocinando otros 5 minutos. Sazonar. Poner la mezcla en las papas al horno y servir.

VALOR NUTRICIONAL POR PORCIÓN
Grasa 5g; Proteínas 20g; Carbohidratos 34g; Fibra dietética 8g; Colesterol 43mg; 1115kJ (265cal)

*Agregar el curry en polvo, el comino y el garam masala, cocinar hasta que suelte el olor.*

*Cocer las lentejas y las verduras a fuego lento hasta que las lentejas estén suaves.*

*Combinar el yogurt, el cilantro, el ajo y la salsa Tabasco.*

## Sopa de lentejas y verduras con yogurt y especias

Tiempo de preparación: 30 minutos
Tiempo total de cocción: 40 minutos
Porciones: 6

2 cucharadas de aceite de oliva
1 poro pequeño (sólo la parte blanca), picado
2 dientes de ajo, machacados
2 cucharaditas de curry en polvo
1 cucharadita de comino molido
1 cucharadita de garam masala
1 litro de caldo de verduras
1 hoja de laurel fresco
1 taza (185g) de lentejas
450g de calabaza butternut, pelada y cortada en cubos de 1cm
400g de jitomates picados de lata
2 calabazas zucchini, partidas a la mitad a lo largo y rebanadas
200g de brócoli, en ramos
1 zanahoria pequeña, en cubos
½ taza (80g) de chícharos
1 cucharada de menta o hierbabuena fresca, picada

*Yogurt y especias*
1 taza (250ml) de yogurt cremoso natural
1 cucharada de cilantro fresco, picado
1 diente de ajo, machacado
Salsa Tabasco

**1** En una olla calentar el aceite de oliva a fuego medio. Agregar el poro y el ajo, cocinar de 4 a 5 minutos o hasta que estén suaves y ligeramente dorados. Añadir el curry, el comino y el garam masala, cocinar 1 minuto o hasta que suelte el olor.
**2** Agregar el caldo, la hoja de laurel, las lentejas y la calabaza butternut. Hervir y reducir a fuego bajo, cocinar durante 10 ó 15 minutos o hasta que las lentejas estén suaves. Sazonar.
**3** Añadir los jitomates, la calabaza zucchini, el brócoli, la zanahoria y 2 tazas (500ml) de agua y cocinar por 10 minutos o hasta que las verduras estén tiernas. Agregar los chícharos y cocinar de 2 a 3 minutos.
**4** Para hacer el yogurt de especias: Poner en un tazón el yogurt, el cilantro, el ajo y la salsa Tabasco al gusto, revolver bien. Para servir: poner un poco de yogurt sobre la sopa caliente y decorar con la hierbabuena picada.

VALOR NUTRICIONAL POR PORCIÓN
Grasa 10g; Proteínas 17g; Carbohidratos 26g; Fibra dietética 10g; Colesterol 6.5g; 1100kJ (260cal)

## Pollo Sechuán con ensalada de noodles

Tiempo de preparación: 20 minutos
Tiempo total de cocción: 40 minutos
Porciones: 4

1 jengibre fresco (aproximadamente de 4x4cm), rebanado
5 cebollas de cambray
2 pechugas de pollo, con hueso y piel
1 cucharadita de pimienta de Sechuán (o pimienta negra entera)
250g de noodles de Shanghai
1 cucharadita de aceite de ajonjolí
1 cucharada de soya, baja en sodio
2 pepinos, partidos a la mitad a lo largo y en rebanadas delgadas
1 ½ cucharada de jugo de limón
½ taza (15g) de hojas de cilantro
rebanadas de limón para servir

**1** En una olla hervir agua, agregar el jengibre, 2 cebollas de cambray en rebanadas delgadas y 2 cucharaditas de sal, calentar durante 10 minutos. Añadir el pollo y dejar cocinar a fuego suave de 15 a 20 minutos. Sacar el pollo y enfriar. Quitar la piel y el hueso y desmenuzarlo (se necesitan aproximadamente 300g de pollo desmenuzado). Ponerlo en un tazón y taparlo con plástico. Refrigerar hasta que se utilice.
**2** En un sartén antiadherente calentar a fuego medio-alto la pimienta y 1 cucharadita de sal, mover constantemente. Retirar del fuego y dejar enfriar. Cuando esté frío moler la sal y la pimienta en un mortero hasta que se haga un polvo fino.
**3** En una olla con agua hirviendo cocer los noodles de 4 a 5 minutos o hasta que estén suaves. Colar bien y enjuagar con agua fría. Poner los noodles en un tazón y revolver con el aceite de ajonjolí y la soya.
**4** Cubrir el pollo con la mezcla de sal y pimienta. Rebanar el resto de las cebollas de cambray y agregarlas al pollo junto con los pepinos y el limón. Revolver con los noddles. Espolvorear el cilantro y servir con rebanadas de limón.

**VALOR NUTRICIONAL POR PORCIÓN**
Grasa 5g; Proteínas 28g; Carbohidratos 34g; Fibra dietética 2g; Colesterol 77mg; 1255kJ (300cal)

*Quitar la piel y el hueso del pollo y desmenuzarlo.*

*En un tazón grande revolver los noodles de Shanghai con el aceite de ajonjolí y la soya.*

*Agregar el pepino y la cebolla al pollo sazonado y revolver bien.*

## Salmón marruecos con couscous

Tiempo de preparación: 15 minutos + 2 horas para marinar
Tiempo total de cocción: 20 minutos
Porciones: 4

- 4 filetes de salmón (de 170g a 200g cada uno) sin piel y sin espinas
- 2 dientes de ajo, machacados
- 4 cucharadas de cilantro fresco, picado
- 2 cucharadas de perejil liso, picado
- ¼ de gajos de limón, sin la membrana blanca
- ½ cucharadita de páprika
- 2 cucharadas de menta o hierbabuena fresca, picada
- 2 cucharaditas de comino, molido
- 2 cucharaditas de cúrcuma, molida
- 2 cucharadas de jugo de limón
- ¼ de cucharadita de chiles secos, molidos
- 2 cucharadas de aceite de oliva
- 2 cucharadas de aceitunas negras
- 400g de cous cous instantáneo

*Para quitar las espinas del salmón utilizar unas pinzas pequeñas.*

**1** Secar con papel absorbente el salmón. En el procesador moler el ajo, el cilantro, el perejil, el limón, la páprika, la hierbabuena, el comino, la cúrcuma, el jugo de limón, los chiles secos, 2 cucharadas de aceite de oliva y 2 cucharadas de agua. No procesarlo demasiado pues deben quedar pedazos. Untar al salmón y marinar por lo menos 2 horas.

*Untar uniformemente la mezcla de comino y cúrcuma sobre el salmón y dejar marinar.*

**2** Precalentar el horno a 190°C (375°F). Cortar 4 rectángulos de papel de aluminio de tamaño suficiente para envolver cada filete de salmón. Colocar un filete, un poco de la marinada y unas aceitunas en cada pedazo de aluminio, sazonar, envolverlo y doblar los extremos para hacer un paquete. Poner los salmones sobre una charola para horno y hornear durante 20 minutos.

**3** En una olla poner el cous cous, el resto del aceite de oliva y 2 tazas (500ml) de agua hirviendo, tapar y dejar reposar por 5 minutos. Batir con un tenedor para esponjar el cous cous. Dividir el cous cous entre 4 platos, desenvolver el salmón y colocarlo sobre el cous cous, verter el jugo que haya soltado el salmón y las aceitunas.

**VALOR NUTRICIONAL POR PORCIÓN**
Grasa 21g; Proteínas 44g; Carbohidratos 79g; Fibra dietética 2g; Colesterol 82mg; 2885kJ (690cal)

## Salchichas de pollo con ragout de frijol

Tiempo de preparación: 20 minutos
Tiempo total de cocción: 1 hora
Porciones: 6

6 salchichas de pollo bajas en grasa (de 150g cada una aproximadamente)
1 cebolla, picada
4 dientes de ajo, machacados
1 pimiento rojo, partido en pedazos de 2cm
½ chile rojo, finamente rebanado
2 tallos de apio, rebanados
2 latas de 400g cada una de jitomate picado
1 hoja de laurel
400g de alubias borlotti en lata, escurridas
2 calabazas zucchini pequeñas, rebanadas
1 pizca de chile en polvo
1 cucharada de orégano fresco, picado
¼ de taza (15g) de albahaca fresca, picada
½ taza (30g) de perejil fresco, picado
1 cucharada de pasta de jitomate
1 taza (250ml) de caldo de pollo
1 cucharada de vinagre balsámico
1 cucharada de jugo de limón

**1** Calentar un sartén antiadherente a fuego medio y cocer las salchichas hasta que tengan un tono café. Retirar. Agregar al mismo sartén la cebolla, el ajo, el pimiento, el chile y el apio, cocinar durante 5 minutos o hasta que estén suaves. Añadir el jitomate y la hoja de laurel, reducir a fuego bajo y cocinar otros 5 minutos.
**2** Cortar las salchichas diagonalmente en rebanadas de 3cm y agregarlas a la mezcla de jitomate. Cocinar tapado durante 5 minutos. Añadir las alubias borlotti las calabazas, el chile en polvo, el orégano, la albahaca, la mitad del perejil, la pasta de jitomate y el caldo de pollo. Sazonar y cocinar a fuego bajo durante 5 minutos. Agregar el vinagre balsámico y dejar cocinar durante 5 minutos más o hasta que el líquido se haya reducido y la mezcla esté espesa.
**3** Mezclar con el jugo de limón y el resto del perejil antes de servir. Acompañar con pan tipo baguette.

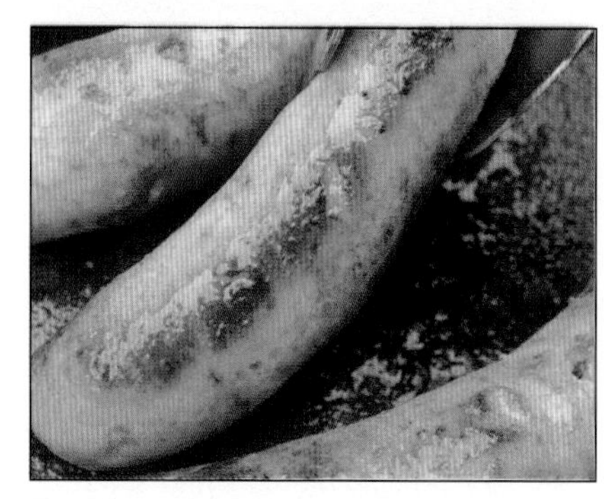

*Freír las salchichas en un sartén antiadherente hasta que tomen un color café.*

*Cocer la cebolla, el ajo, el pimiento, el chile y el apio hasta que estén suaves.*

VALOR NUTRICIONAL POR PORCIÓN
Grasa 7g; Proteínas 42g; Carbohidratos 19g; Fibra dietética 5g; Colesterol 115mg; 1275kJ (305cal)

## Brochetas de cerdo en pasteles de noodle

Tiempo de preparación: 20 minutos + 30 minutos para remojar + tiempo para marinar
Tiempo total de cocción: 30 minutos
Porciones: 4

1kg de filetes de cerdo, cortados en cubos de 2cm
8 cebollas de cambray, cortadas en pedazos de 3cm
2 cucharadas de vinagre de vino de arroz
2 cucharaditas de pasta de chile y frijol
3 cucharadas de salsa char siu
400g de noddles de arroz planos
1 taza (30g) de hojas cilantro fresco, picado
3 cebollas de cambray, rebanadas
1 cucharada de aceite vegetal
unas ramitas de cilantro para decorar

**1** Remojar en agua 8 palillos de madera para brocheta durante 30 minutos. Ensartar los pedazos de cerdo alternando con las cebollas de cambray cortadas en pedazos de 3cm. En un tazón revolver el vinagre, la pasta de chile y frijol y la salsa char siu. Sumergir las brochetas y tapar con plástico, refrigerar durante toda la noche.

**2** Sacar las brochetas y reservar la marinada. Calentar la parrilla y cocer las brochetas de 1 a 2 minutos de cada lado o hasta que estén cocidas y de color café. Reservar y mantener calientes. En una olla pequeña calentar la marinada hasta que hierva.

**3** Revolver los noodles con el cilantro y las 3 cebollas de cambray. Dividir en 4 porciones. En un sartén antiadherente calentar a fuego medio el aceite, poner una de las porciones de noodles y presionar firmemente con una espátula para hacer un "pastel". Cocer de 3 a 4 minutos de cada lado o hasta que tenga un color dorado. Retirar y conservar caliente. Repetir el procedimiento con el resto de los noodles.

**4** Para servir: Poner sobre cada plato un noodle y encima 2 brochetas. Rociar la marinada y decorar con una ramita de cilantro.

VALOR NUTRICIONAL POR PORCIÓN
Grasa 11.5g; Proteínas 59.5g; Carbohidratos 46.5g; Fibra dietética 10g; Colesterol 235.7mg; 2240kJ (535cal)

*Ensartar en un palillo largo un pedazo de cerdo y un pedazo de cebolla alternadamente.*

*Revolver el cilantro, las cebollas y los noodles.*

*Presionar firmemente con una espátula los noodles para formar un "pastel", cocer hasta que tomen un color dorado.*

## Penne con champiñones en salsa de hierbas

Tiempo de preparación: 15 minutos
Tiempo total de cocción: 25 minutos
Porciones: 4

2 cucharadas de aceite de oliva
500g de champiñones, rebanados
2 dientes de ajo, machacados
2 cucharaditas de mejorana fresca, picada
½ taza (125ml) de vino blanco seco
⅓ de taza (80ml) de crema baja en grasa
375g de penne
1 cucharada de jugo de limón
1 cucharadita de ralladura de cáscara de limón
2 cucharadas de perejil fresco, picado
½ taza (50g) de queso parmesano, rallado

**1** En un sartén calentar a fuego alto el aceite. Agregar los champiñones y cocinar durante 3 minutos, moviendo constantemente para evitar que se quemen. Agregar el ajo y la mejorana, cocinar durante 2 minutos.
**2** Agregar el vino al sartén y reducir el fuego, cocinar durante 5 minutos o hasta que el líquido casi se haya evaporado. Agregar la crema y continuar la cocción a fuego bajo durante 5 minutos o hasta que la salsa haya espesado.
**3** En una olla con agua caliente cocer el penne al dente. Colar.
**4** Agregar a la salsa el jugo y la ralladura de limón, el perejil y la mitad del queso parmesano. Sazonar al gusto con sal y pimienta. Revolver el penne con la salsa y espolvorear el resto del queso.

VALOR NUTRICIONAL POR PORCIÓN
Grasa 18g; Proteínas 20g; Carbohidratos 67g; Fibra dietética 6.5g; Colesterol 25mg; 2275kJ (545cal)

*Agregar el ajo y la mejorana a los champiñones.*

*Cocer la pasta al dente en agua hirviendo.*

*Mezclar el jugo y la ralladura de limón, el perejil y la mitad del queso con la salsa.*

# Guarniciones

Si estás aburrido de servir zanahorias, chícharos y papas con el filete, prueba estas guarniciones de verduras para acompañar la carne de res, de pollo o pescado.

## Puré de papa bajo en grasa

En una olla poner 750g de papas peladas con 2 tazas (500ml) de caldo de pollo y el agua suficiente para cubrirlas. Hervir y cocer durante 15 minutos o hasta que las papas estén suaves. Retirar del fuego y colar, reservar ⅓ de taza (80ml) del líquido de cocción. Aplastar las papas para hacerlas puré, agregar un diente de ajo machacado, el líquido de la cocción y 2 cucharadas de crema baja en grasa. Sazonar con sal y pimienta. Porciones: 4

VALOR NUTRICIONAL POR PORCIÓN
Grasa 2.5g; Proteínas 5g; Carbohidratos 24.5g; Fibra dietética 3g; Colesterol 6.5mg; 595kJ (140cal)

## Espárragos con ejotes y almendras

En una olla con agua hirviendo cocer 150g de espárragos frescos y 100g de ejotes durante 1 minuto o hasta que estén apenas tiernos. Escurrir y revolver con 2 cucharadas de mantequilla y 1 ½ cucharadas de hojuelas de almendra tostadas. Sazonar con sal y pimienta, servir inmediatamente. Porciones: 4

VALOR NUTRICIONAL POR PORCIÓN
Grasa 4g; Proteínas 2.5g; Carbohidratos 1.5g; Fibra dietética 1.5 g; Colesterol 6mg; 210kJ (50cal)

## Camote con especias al horno

Precalentar el horno a 190°C (375°F). Pelar 800g de camote anaranjado. Cortar en rebanadas y ponerlos en un tazón junto con 2 cucharaditas de aceite de oliva, 2 cucharadas de miel caliente, 2 cucharaditas de semillas de comino, 2 cucharaditas de semillas molidas de cilantro, 2 cucharadas de tallos frescos de cilantro y ½ cucharada de canela molida. Poner el camote en una charola para horno ligeramente engrasada y hornear durante 45 minutos. Servir inmediatamente. Acompañar con un poco de yogurt bajo en grasa.
Porciones : 4

VALOR NUTRICIONAL POR PORCIÓN
Grasa 2g; Proteínas 4g; Carbohidratos 39.5g; Fibra dietética 4g; Colesterol 0mg; 795kJ (190cal)

## Risotto con callo de hacha y chícharos a la menta

Tiempo de preparación: 15 minutos
Tiempo total de cocción: 35 minutos
Porciones: 4-6

1 litro de caldo de pollo o de pescado o de verduras
2 ¾ de taza (360g) de chícharos frescos o congelados
2 cucharadas de crema baja en grasa
2 cucharadas de menta o hierbabuena fresca, picada
1 cucharada de aceite de oliva
1 cebolla pequeña, finamente picada
2 dientes de ajo, machacados
150g de arroz arborio
16 callos de hacha grandes
1 cucharada de queso parmesano, rallado
4 hojas de menta o hierbabuena frescas, para decorar
rodajas de limón para servir

**1** En una olla hervir el caldo, agregar los chícharos y cocer de 1 a 2 minutos hasta que estén suaves, sacarlos con una cuchara con agujeros y mantener el caldo caliente a fuego lento. Licuar 1 ¾ de taza (230g) de los chícharos con la crema hasta que esté suave. Sazonar y revolver con 1 cucharada de menta.

**2** En una olla calentar a fuego bajo el aceite y agregar la cebolla, cocinar durante 4 ó 5 minutos o hasta que esté suave. Agregar el ajo y cocinar por 30 segundos. Mezclar con el arroz y aumentar a fuego medio.

**3** Agregar 1 taza (250ml) de caldo de pollo a la mezcla de arroz y cocinar moviendo constantemente hasta que el líquido se haya evaporado. Añadir el caldo de pollo poco a poco, en porciones de ½ taza (125ml), hasta que el arroz esté cocido y la textura sea cremosa, esto toma aproximadamente 20 minutos.

**4** Sazonar ligeramente los callos de hacha y cocerlos en la parrilla caliente.

**5** Revolver el puré de chícharo con el risotto, los chícharos enteros y el queso parmesano. Dividir el risotto entre 4 platos y poner encima los callos de hacha. Espolvorear el resto de la menta y decorar con las hojas frescas de menta, servir con las rodajas de limón.

**VALOR NUTRICIONAL POR PORCIÓN (6)**
Grasa 6g; Proteínas 12.5g; Carbohidratos 27.5g; Fibra dietética 4.5g; Colesterol 17mg; 895kJ (215cal)

*Licuar o procesar una parte de los chícharos con la crema.*

*Mezclar el puré de chícharo, los chícharos enteros y el queso parmesano con el risotto.*

# Pez palo empapelado al horno

Tiempo de preparación: 15 minutos
Tiempo total de cocción: 30 minutos
Porciones: 4

- 2 bulbos de hinojo (de 300g aproximadamente), rebanados
- 1 diente de ajo, finamente rebanado
- 1 cucharada de eneldo fresco, picado
- ¼ de taza (60ml) de aceite de oliva
- 2 cucharadas de jugo de limón
- 1 pez palo grande (de 1.25kg aproximadamente), sin cabeza ni relleno
- 1 ramita de eneldo fresco para decorar
- 1 ramita de perejil fresco para decorar
- gajos de limón para decorar

**1** En un tazón poner el hinojo junto con el ajo, el eneldo, el aceite y el limón. Sazonar con sal y pimienta negra recién molida.
**2** Precalentar el horno a 180°C (350°F). Cortar un pedazo de papel aluminio (o encerado), 5cm más grande que el pescado. Colocar el pescado en el centro del papel y ponerlo sobre una charola para hornear. Poner un poco de la mezcla de hinojo dentro del pescado y el resto encima. Doblar los extremos del papel para envolver el pescado. Hornear durante 30 minutos o hasta que la carne se desmenuce fácilmente con un tenedor.
**3** Servir el pescado envuelto sobre un plato y con unas tijeras de cocina hacer un corte en el centro del paquete , doblar el papel para que se vea el pescado. Acomodar las ramitas de eneldo y cilantro, acompañar con rodajas de limón.

**VALOR NUTRICIONAL POR PORCIÓN**
Grasa 12g; Proteínas 32.5g; Carbohidratos 3g; Fibra dietética 2.5g; Colesterol 85.5mg; 1040kJ (250cal)

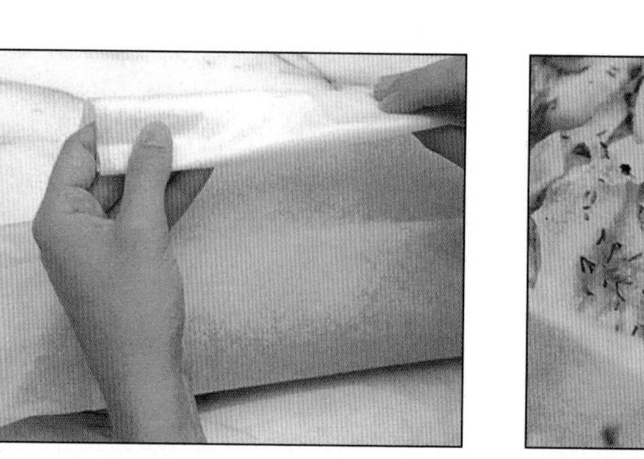

*Poner la mezcla de hinojo dentro del pescado y el resto encima.*

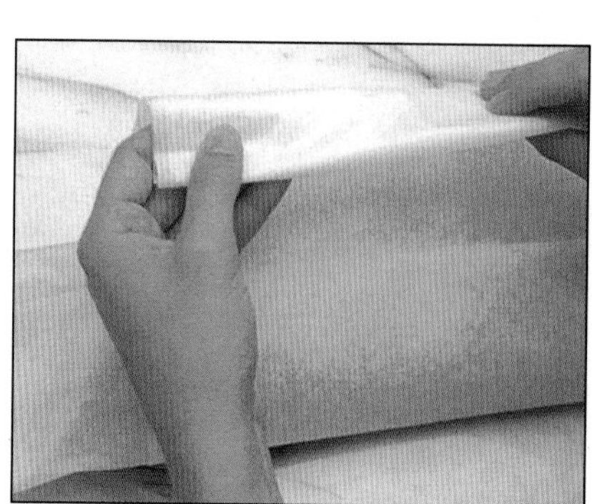

*Doblar el papel encima del pescado y asegurarlo con palillos.*

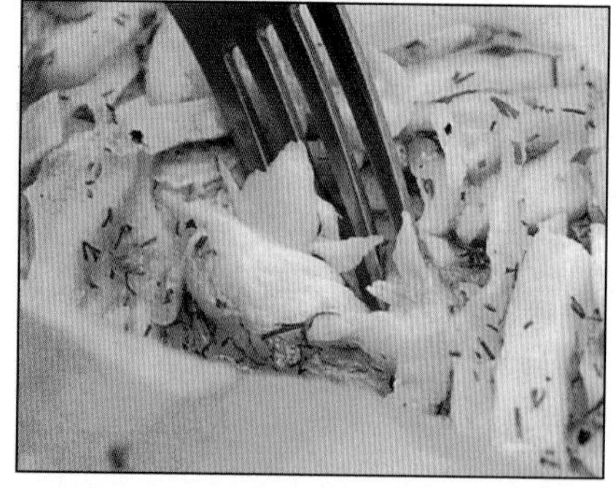

*Probar con un tenedor si el pescado está cocido, debe desmenuzarse fácilmente.*

*Rostizar el camote con los dientes de ajo hasta que el camote esté suave y con color.*

*Quitar la piel al ajo rostizado y picarlo.*

*Poner el relleno en el centro de la pasta preparada.*

## Strudel de camote, piñones y feta

Tiempo de preparación: 25 minutos
Tiempo total de cocción: 1 hora 5 minutos
Porciones: 6

**250g de camote anaranjado, pelado y cortado en cubos de 2cm**
**2 cucharadas de aceite de oliva**
**3 dientes de ajo, sin pelar**
**250g de espinacas, ligeramente cocidas y bien exprimidas**
**¼ de taza (40g) de piñones, tostados**
**125g de queso feta bajo en grasa, desmoronado**
**3 cebollas de cambray, picadas incluyendo los rabos**
**50g de aceitunas negras, sin hueso y rebanadas**
**¼ de taza (15g) de albahaca fresca, picada**
**1 cucharada de romero fresco, picado**
**8 hojas de pasta filo**
**2 cucharadas de semillas de ajonjolí**

**1** Precalentar el horno a 180° (350°F). Poner los camotes en una charola para hornear y barnizar con 1 cucharada de aceite, agregar el ajo. Rostizar durante 30 minutos o hasta que el camote esté suave y tenga color. Retirar y dejar enfriar un poco.
**2** En un tazón revolver el camote, las espinacas picadas en pedazos grandes, los piñones, el queso feta, la cebolla de cambray, las aceitunas, la albahaca y el romero. Cortar los extremos de los dientes de ajo y pelarlos, picarlos y agregar a la mezcla del camote. Sazonar con sal y pimienta negra recién molida.
**3** Tapar las hojas de pasta filo con un trapo húmedo para evitar que se sequen y se agrieten. Poner una hoja encima de otra, barnizar una sí y otra no con el resto del aceite. Poner el relleno en el centro de la pasta, cubrir una superficie de 10x30cm aproximadamente. Doblar las orillas y luego uno de los lados, encima el otro. En una charola engrasada colocar los strudel con la cerradura hacia abajo. Barnizar con un poco de aceite de oliva y espolvorear las semillas de ajonjolí. Hornear durante 35 minutos o hasta que la pasta esté crujiente y dorada. Servir caliente.

**VALOR NUTRICIONAL POR PORCIÓN**
Grasa 15.5g; Proteínas 11g; Carbohidratos 19g; Fibra dietética 3.5g; Colesterol 12.5mg; 1080kJ (260cal)

*Hornear los jitomates aderezados y sazonados hasta que estén dorados.*

*Cocer los filetes de atún en la parrilla a término deseado.*

## Filetes de atún con garbanzos y ensalada de jitomate rostizado

Tiempo de preparación: 10 minutos + tiempo para remojar + 30 minutos para marinar
Tiempo total de cocción: 1 hora 25 minutos
Porciones: 4

1 taza de garbanzos secos
6 jitomates, cortados en 4 a lo largo
4 cucharadas de aceite de oliva
4 filetes de atún (de aproximadamente 150g c/u)
2 cucharadas de jugo de limón
1 cebolla morada, picada
1 diente de ajo, machacado
1 cucharadita de comino, molido
1 taza (30g) de perejil liso, picado grueso
perejil liso para decorar

**1** Sumergir los garbanzos en agua durante 8 horas o toda la noche. Colar. Colocar los garbanzos en una olla con suficiente agua para cubrirlos y dejar que suelten el hervor. Cocer de 25 a 30 minutos o hasta que estén suaves. Colar y enjuagar con agua fría.

**2** Precalentar el horno a 180°C (350°F). Mezclar los jitomates, 2 cucharaditas de aceite de oliva, sal y pimienta negra. Distribuir uniformemente sobre una charola para horno y hornear de 35 a 40 minutos o hasta que se doren.

**3** Barnizar el atún con 2 cucharaditas de aceite de oliva y 1 cucharada de jugo de limón. Sazonar al gusto y marinar durante 30 minutos.

**4** Calentar el resto del aceite de oliva en un sartén a fuego medio. Añadir la cebolla y el ajo, cocer revolviendo de 4 a 5 minutos o hasta que se suavicen, agregar el comino y cocinar 1 minuto más, agregar los garbanzos. Cocer durante 5 minutos, revolver ocasionalmente. Añadir los jitomates, el perejil y el resto del jugo de limón, sazonar con sal y pimienta negra recién molida.

**5** Calentar la parrilla a fuego alto. Cocer los filetes de 1 a 2 minutos por lado o a término deseado. Para servir: Poner los garbanzos y los jitomates en un plato y encima un filete, decorar con hojas de perejil.

VALOR NUTRICIONAL POR PORCIÓN
Gras 20; Proteínas 47.5g; Carbohidratos 21g; Fibra dietética 8g; Colesterol 54mg; 1930kJ (460cal)

## Pescado entero Thai con salsa de jitomate y especias

Tiempo de preparación: 25 minutos + 30 minutos para reposar
Tiempo total de cocción: 40 minutos
Porciones: 4

6 dientes de ajo
3 echalotes
3 jitomates
2 chiles rojos
1 ½ cucharadas de jugo de limón
3 ½ cucharadas de salsa de pescado
2 dientes de ajo extra
4 tallos de cilantro
6 pimientas negras enteras
4 guachinangos (de aproximadamente 300g c/u) sin espinas y limpio
¾ de taza (25g) de hojas de cilantro fresco

**1** Con unas pinzas asar directamente sobre el fuego los 6 ajos, los echalotes, los jitomates y los chiles o rostizarlos en el horno precalentado a 230°C (450°F) durante 15 a 20 minutos. Dejar enfriar y pelar todas las verduras. Picar y mezclar con el jugo de limón y 2 cucharadas de salsa de pescado. Reposar durante 30 minutos.
**2** Machacar los 2 dientes de ajo, el cilantro y la pimienta hasta obtener una pasta suave, agregar el resto de la salsa de pescado y mezclar. Marcar con rombos cada lado del pescado, frotar los por ambos lados con la mezcla.
**3** Cocer el pescado al vapor de 15 a 20 minutos o hasta que se desmenuce fácilmente con un tenedor. Servir el pescado sobre un plato y poner encima la salsa de jitomate, decorar con hojas de cilantro.

VALOR NUTRICIONAL POR PORCIÓN
Grasa 3g; Proteínas 33.5g; Carbohidratos 4g; Fibra dietética 3g; Colesterol 91.5mg; 750kJ (180cal)

*Pelar las verduras cuando estén asadas.*

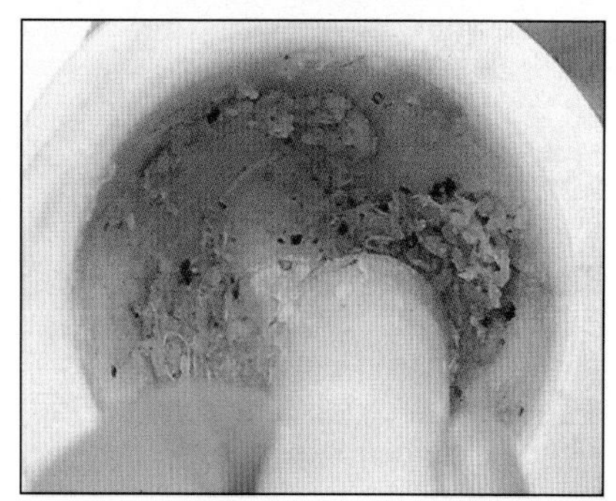

*Machacar el ajo, el cilantro y la pimienta hasta que estén suaves e integrados.*

*Freír la cebolla, el ajo y el jengibre hasta que la cebolla esté ligeramente dorada.*

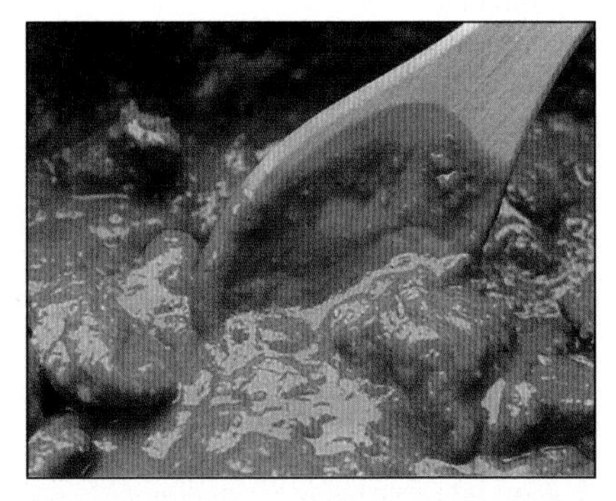

*Mezclar la carne partida en cubos con la pasta de curry hasta que se integre bien.*

*Agregar las papas en mitades y cocinar durante 30 minutos.*

## Res al curry

Tiempo de preparación: 20 minutos.
Tiempo total de cocción: 1 hora 45 minutos
Porciones: 6

**1 cucharada de aceite vegetal**
**2 cebollas, finamente picadas**
**3 dientes de ajo, finamente picados**
**1 cucharada de jengibre, rallado**
**4 cucharadas de pasta de curry madras**
**1kg de filete de res, picados en cubos de 3cm**
**¼ de taza (60g) de pasta de jitomate**
**1 taza (250ml) de caldo de res**
**6 papas de cambray, partidas en mitades**
**1 taza (155g) de chícharos congelados**

**1** Precalentar el horno a 180°C (350°F). En una cacerola grande calentar a fuego medio el aceite, agregar la cebolla y cocinar de 4 a 5 minutos. Añadir el ajo y el jengibre, cocinar durante 5 minutos o hasta que la cebolla esté ligeramente dorada.

**2** Añadir la pasta de curry y cocinar revolviendo durante 2 minutos o hasta que empiece oler. Aumentar a fuego alto, agregar la carne en pedazos y cocer de 2 a 3 minutos o hasta que la carne esté cubierta por la mezcla. Agregar la pasta de jitomate y el caldo, revolver bien.

**3** Transferir a un refractario para horno y hornear tapado durante 50 minutos, revolver 2 ó 3 veces durante la cocción, añadir un poco de agua si es necesario. Reducir la temperatura del horno a 160°C (315°F). Agregar las papas y cocer durante 30 minutos, añadir los chícharos y cocer 10 minutos más o hasta que las papas y los chícharos estén suaves. Servir acompañado con arroz de jazmín al vapor.

**VALOR NUTRICIONAL POR PORCIÓN**
Grasa 13g; Proteínas 39.5g; Carbohidratos 15g; Fibra dietética 5.5g; Colesterol 112mg; 1410kJ (335cal)

## Paella Vegetariana

Tiempo de preparación: 20 minutos + tiempo para remojar
Tiempo total de cocción: 40 minutos
Porciones: 6

1 taza (200g) de alubias secas
¼ de cucharadita de hebras de azafrán
2 cucharadas de aceite de oliva
1 cebolla, rebanada
1 pimiento rojo, partido en tiras de 1x4cm
5 dientes de ajo, machacados
1 ¼ de taza (275g) de arroz arborio o para paella
1 cucharada de páprika
½ cucharadita de especias mixtas
3 tazas (750ml) de caldo de verduras
400g de jitomate de lata, picado
1 ½ cucharada de pasta de jitomate
1 taza (150g) de frijoles de soya, frescos o congelados
100g acelga (sin tallos), picada
400g de corazones de alcachofa en lata, colados y en cuartos
4 cucharadas de hojas de cilantro fresco, picadas

**1** Sumergir las alubias en agua fría y dejar remojar durante la noche. Colar y enjuagar bien.

**2** Poner un sartén a fuego medio-bajo y tostar las hebras de azafrán, mover el sartén constantemente durante 1 minuto o hasta que las hebras se hayan oscurecido. Retirar del fuego y cuando estén frías ponerlas en un tazón con ½ taza (125ml) de agua caliente y dejar reposar.

**3** Calentar el aceite en una paellera o en un sartén. Agregar la cebolla y el pimiento, cocer a fuego medio-alto durante 4 ó 5 minutos o hasta que la cebolla esté suave. Añadir el ajo y cocinar por 1 minuto. Reducir el fuego y agregar las alubias, el arroz, la páprika, las especias y ½ cucharadita de sal, mezclar bien. Añadir el agua del azafrán, los jitomates y la pasta de jitomate, hervir. Tapar y reducir a fuego bajo, continuar la cocción durante 20 minutos.

**4** Agregar los frijoles de soya, la acelga y los corazones de alcachofa, cocinar tapado durante 8 minutos o hasta que el líquido se haya absorbido y el arroz y los frijoles estén suaves. Apagar y dejar reposar por 5 minutos. Mezclar con el cilantro antes de servir.

**VALOR NUTRICIONAL POR PORCIÓN**
Grasa 8g; Proteínas 16g; Carbohidratos 55g; Fibra Dietética 12g; Colesterol 0mg; 1510kJ (360cal)

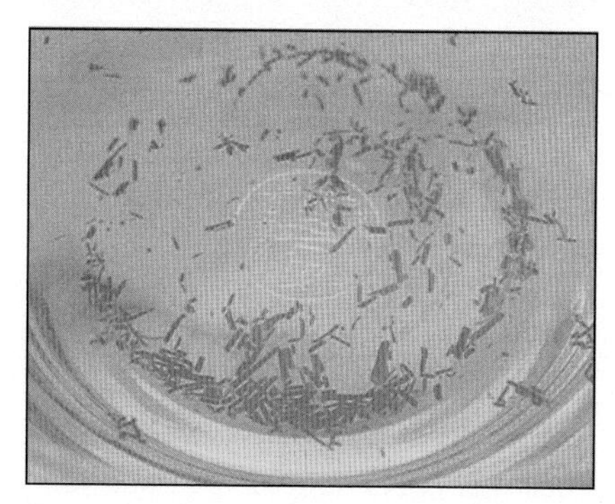

*Dejar reposar las hebras de azafrán en agua caliente.*

*Agregar las alubias, el arroz, la páprika, las especias mixtas y la sal, revolver.*

## Sandwiches de atún a la pimienta y limón

Tiempo de preparación: 20 minutos
Tiempo total de cocción: 15 minutos
Porciones: 4

2 latas de 185g c/u de atún, escurrido
1 cebolla grande, picada
⅔ de taza (65g) de pan molido
1 huevo, ligeramente batido
2 cucharadas de hierba de limón, picada
1 cucharada de perejil fresco, picado
2 cucharadas de ralladura de cáscara de limón
1 cucharada de aceite de oliva
4 porciones de pan integral
⅓ de taza (80g) de mayonesa light
150g de arúgula
4 rebanadas de queso bajo en grasa
2 jitomates, rebanados
1 pepino, rebanado
½ cebolla morada, rebanada

**1** En un tazón combinar el atún, la cebolla, el pan molido, el huevo, la hierba de limón, el perejil y la ralladura de limón. Hacer 4 hamburguesas del mismo tamaño. Calentar el aceite a fuego medio un sartén antiadherente y cocer las hamburguesas por ambos lados durante 5 minutos o hasta que tomen un color café.

**2** Partir el pan por la mitad y ponerlo en la parrilla hasta que esté ligeramente tostado y de color café claro.

**3** Untar un lado de cada pan con mayonesa. Poner encima de uno un poco de arúgula, encima la carne, una rebanada de queso, una rebanada de jitomate, pepinos y cebolla. Poner encima una rebanada de pan para tapar y cortar a la mitad para servir.

VALOR NUTRICIONAL POR PORCIÓN
Grasa 13.5g; Proteínas 38.5g; Carbohidratos 50.5g; Fibra dietética 5.5g; Colesterol 89mg; 2025kJ (485cal)

*Revolver el atún, la cebolla, el pan molido, el huevo, la hierba de limón, el perejil y la ralladura de limón.*

*Cocer las hamburguesas de cada lado durante 5 minutos o hasta que tomen un color café.*

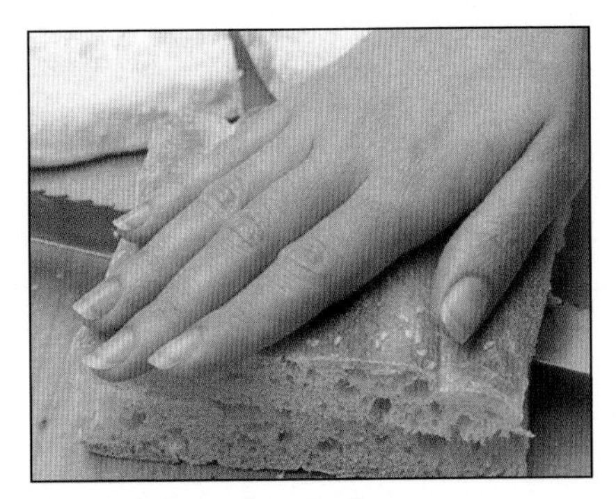

*Partir el pan a la mitad.*

## Res con hongos shiitake y noodles hokkien

Tiempo de preparación: 15 minutos + 10 minutos para remojar
Tiempo total de cocción: 15 minutos
Porciones: 4

350g de filete de res, semi congelado
100g de chícharos chinos
600g de noodles hokkien frescos
1 cucharada de aceite de cacahuate
1 cebolla grande, cortada en gajos
1 zanahoria grande, en rebanadas delgadas y diagonales
1 pimiento rojo, cortado en tiras delgadas
2 dientes de ajo, machacados
1 cucharadita de jengibre fresco, rallado
200g de hongos shiitake, rebanados
¼ de taza (60ml) de salsa de ostión
2 cucharadas de salsa de soya baja en sodio
1 cucharada de azúcar moscabado
½ cucharadita de polvo de cinco especias

**1** Cortar la carne en rebanadas delgadas. Limpiar los chícharos chinos y rebanarlos diagonalmente. Sumergir los noodles en un tazón con suficiente agua hirviendo para cubrirlos durante 10 minutos.

**2** Calentar un wok y rociar aceite en spray, cuando esté muy caliente agregar la carne en porciones y cocinar hasta que esté café. Retirar y mantener caliente.

**3** Calentar en el wok el aceite de cacahuate y cuando esté muy caliente sofreír la cebolla, la zanahoria y el pimiento durante 2 ó 3 minutos o hasta que estén suaves. Agregar el ajo, el jengibre, los chícharos y los hongos shiitake, cocinar durante 1 minuto. Regresar la carne al wok.

**4** Separar los noodles con un tenedor y colarlos, agregarlos al wok. Combinar la salsa de ostión con la soya, el azúcar, el polvo de 5 especias y 1 cucharada de agua, verter sobre los noodles y revolver bien. Servir los noodles junto con la carne y las verduras.

**VALOR NUTRICIONAL POR PORCIÓN**
Grasa 10g; Proteínas 37.5g; Carbohidratos 91.5g; Fibra dietética 6.5g; Colesterol 78mg; 2555kJ (610cal)

*Cortar la carne semi congelada en rebanadas muy delgadas.*

*Revolver el ajo, el jengibre, los chícharos y los hongos shiitake.*

## Rollos de col rellena

Tiempo de preparación: 35 minutos
Tiempo total de cocción: 1 hora 35 minutos
Porciones: 12

1 cucharada de aceite de oliva
1 cebolla, finamente picada
1 pizca de pimienta de Jamaica
1 cucharadita de comino, molido
1 pizca de 3 dedos de nuez moscada, molida
2 hojas de laurel fresco
1 col o repollo de 3kg
750g de carne de cordero, molida
1 taza (200g) de arroz de grano largo, parcialmente cocido (ver Nota)
4 dientes de ajo, machacados
⅓ de taza (50g) de piñones, tostados
2 cucharadas de menta o hierbabuena, finamente picada
2 cucharadas de perejil liso, finamente picado
1 cucharada de pasas, picadas
2 cucharadas de aceite de oliva
⅓ de taza (80ml) de jugo de limón
gajos de limón para servir.

**1** En un sartén calentar a fuego medio el aceite y agregar la cebolla, cocinar durante 10 minutos o hasta que tenga un color dorado. Añadir la pimienta, el comino y la nuez moscada, cocinar durante 2 minutos o hasta que suelte olor. Retirar del fuego.

**2** En una olla muy grande con agua hirviendo agregar las hojas de laurel. Quitar algunas de las primeras hojas de la col (las más duras) a unos 5cm del centro y meter la col en el agua hirviendo. Cocer durante 5 minutos y con unas pinzas, con cuidado, zafar una hoja completa de la col y sacarla. Continuar con la cocción y quitar todas las hojas hasta llegar al centro. Colar y reservar el líquido. Dejar enfriar.

**3** Tomar 12 hojas más o menos del mismo tamaño y cortar una pequeña "V" de la orilla del centro de la hoja (para quitar la parte más gruesa) y quitar todas las partes más gruesas de la hoja para dejarla lo más plano posible.

**4** En un tazón revolver la mezcla de cebolla, el arroz, la carne molida, el ajo, los piñones, la menta, el perejil y las pasas, sazonar. Extender una hoja de col con la parte del centro hacia abajo, rellenar con 2 cucharadas copeteadas de la mezcla, colocarlas en forma de óvalo en medio de la hoja. Doblar empezando por la parte inferior, luego ambos extremos y enrollar sobre el relleno. Repetir el proceso con las 11 hojas restantes. Colocar los rollos (con la cerradura hacia abajo) en una olla, apretarlos bien entre sí.

**5** Combinar 3 ½ tazas (875ml) del líquido de cocción reservado con aceite de oliva, limón y 1 cucharadita de sal. Verter sobre los rollos, el líquido debe llegar apenas arriba de los rollos. Poner el resto de las hojas de col encima. Tapar y hervir a fuego alto, luego reducir a fuego bajo y dejar cocinar durante 1 hora 15 minutos o hasta que la carne y el arroz estén cocidos. Con cuidado sacar los rollos de la olla y rociar con aceite de oliva al gusto. Servir con los gajos de limón.

**VALOR NUTRICIONAL POR ROLLO**
Grasa 11.5g; Proteínas 15g; Carbohidratos 9g; Fibra dietética 3g; Colesterol 43mg; 840kJ (200cal)

**NOTA**

Para cocer parcialmente el arroz ponerlo en una olla con agua hirviendo durante 8 minutos.

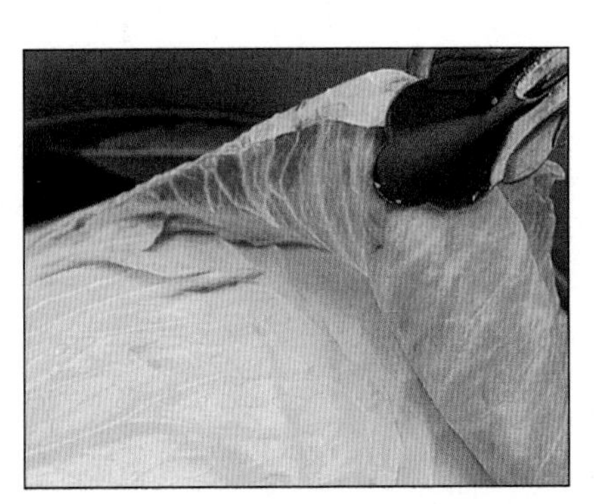

*Con unas pinzas zafar con cuidado una hoja entera de la col y sacarla.*

*Doblar la hoja empezando con la parte inferior, luego ambos lados y enrollar.*

## Moussaka

Tiempo de preparación: 30 minutos
Tiempo total de cocción: 1 hora 30 minutos
Porciones: 4-6

2 berenjenas grandes (de aproximadamente 800g)
1 cucharada de aceite de oliva
1 cebolla grande, picada
1 diente de ajo, machacado
500g de carne magra de res, molida
½ taza (125ml) de vino tinto
½ taza (125g) de puré de jitomate
1 pizca de canela molida
2 cucharaditas de orégano fresco, picado
½ taza (35g) de perejil liso fresco, picado
⅓ de taza (10g) de pan integral molido
2 cucharadas de queso parmesano fresco, rallado

*Salsa*
20g de mantequilla
⅓ de taza (40g) de harina
1 taza (250ml) de leche baja en grasa
1 taza (250ml) de leche
1 pizca de nuez, molida
1 cucharada de queso parmesano rallado

**1** Precalentar el horno a 200°C (400°F). Rebanar las berenjenas a lo largo en pedazos de 1.5cm. En una charola para horno forrada con papel aluminio acomodar las berenjenas y barnizarlas por ambos lados con 2 cucharadas de aceite. Hornear durante 10 minutos, voltearlas y hornear otros 10 minutos o hasta que empiecen a estar cafés. Dejar enfriar.

**2** En una olla calentar a fuego medio el aceite, agregar la cebolla y el ajo, cocinar durante 4 ó 5 minutos o hasta que la cebolla esté transparente. Aumentar a fuego alto y poner la carne molida, cocerla durante 5 minutos. Añadir el vino, el puré de jitomate, la canela, el orégano y ¼ de taza (5g) de perejil. Sazonar. Reducir a fuego bajo, revolver ocasionalmente, cocinar durante 15 ó 20 minutos. Retirar del fuego.

**3** Para hacer la salsa: Derretir la mantequilla en un sartén pequeño. Agregar el harina y cocinar a fuego bajo de 2 a 3 minutos . Incorporar gradualmente las 2 leches, batir constantemente, y cocinar de 6 a 8 minutos o hasta que la mezcla esté espesa y suave. Retirar del fuego y revolver la nuez moscada, el queso parmesano y ½ cucharadita de sal.

**4** Para moldear engrasar un refractario rectangular de 18x28cm o uno redondo de 22cm. Espolvorear el pan molido en la base del refractario, una capa de berenjenas, la carne molida y el resto de las berenjenas. Verter encima la salsa. Revolver el queso parmesano, el resto del perejil, el resto del pan molido y la pimienta. Espolvorear encima de la salsa y hornear durante 30 minutos o hasta que empiece a burbujear y esté dorado. Dejar reposar 5 minutos antes de servir.

**VALOR NUTRICIONAL POR PORCIÓN (6)**
Grasa 15g; Proteínas 25g; Carbohidratos 19g; Fibra dietética 4g; Colesterol 61mg; 1350kJ (325cal)

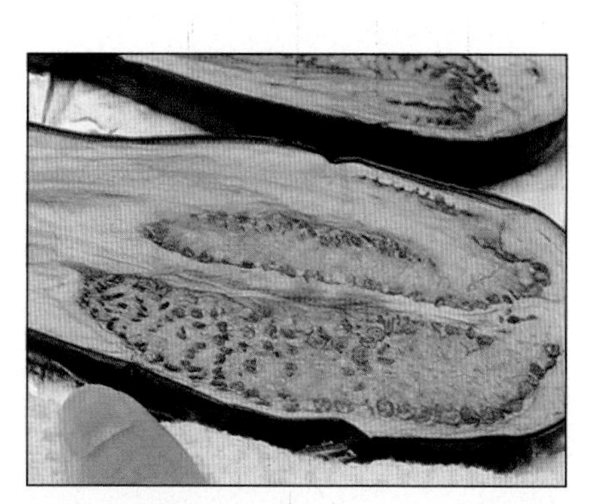

*Hornear las berenjenas, hasta que empiecen a tomar color café, en una charola para horno forrada con papel aluminio.*

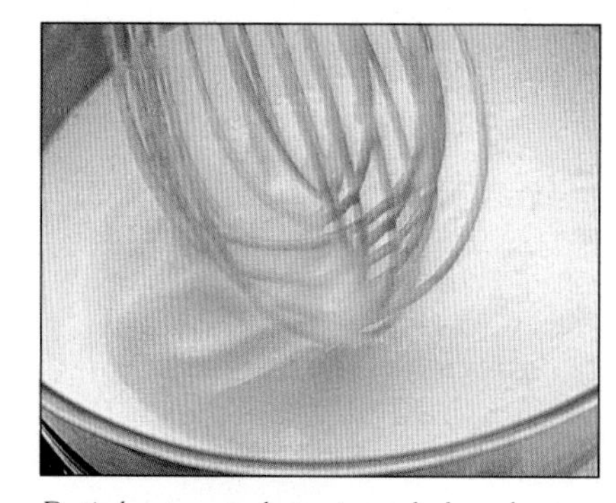

*Batir hasta que la textura de la salsa sea espesa y suave.*

## Ensalada tibia de filete Thai

Tiempo de preparación: 15 minutos
Tiempo total de cocción: 10 minutos
Porciones: 4

400g de filete de res
75g de lechugas mixtas
½ cebolla morada pequeña, en rebanadas delgadas
100g de jitomates cherry, en mitades
1 pepino pequeño, en rebanadas
⅓ de taza (20g) de hojas de cilantro, picadas
⅓ de hojas (20g) de menta fresca, picada

*Aderezo*
1 ½ cucharadas de salsa de pescado
2 cucharadas de jugo de limón
1 cucharada de azúcar moscabado
1 chile rojo pequeño, sin semillas y picado finamente

**1** Sazonar con sal y pimienta negra recién molida los filetes por ambos lados. Rociar con aceite en spray la parrilla y sellar los filetes por los 2 lados de 3 a 4 minutos. Retirar del fuego y dejar reposar durante 10 minutos antes de cortarlos en rebanadas delgadas –la carne debe estar de color rosa en el centro.

**2** En lo que la carne reposa hacer el aderezo. En un sartén pequeño combinar a fuego medio la salsa de pescado, el jugo de limón, el azúcar, el chile y 2 cucharadas de agua hasta que el azúcar se haya disuelto. Retirar del fuego y mantener caliente.

**3** En un tazón grande revolver las hojas de lechuga con la cebolla, el jitomate, el pepino, el cilantro y las hojas de menta. Acomodar la ensalada sobre un plato extendido, colocar encima las rebanadas de carne y verter el aderezo tibio. Servir inmediatamente.

VALOR NUTRICIONAL POR PORCIÓN
Grasa 4.5g; Proteínas 23g; Carbohidratos 5.5g; Fibra dietética 2g; Colesterol 67mg; 655kJ (155cal)

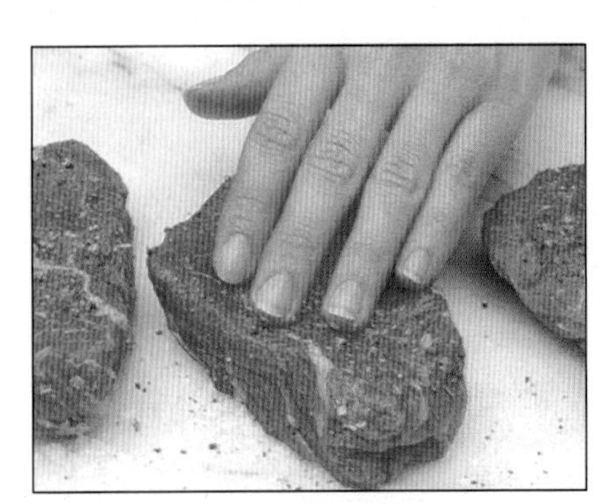

*Con los dedos presionar la sal y la pimienta en los filetes.*

*Después de dejar reposar los filetes cortarlos en rebanadas delgadas.*

*Revolver las hojas de lechuga, la cebolla, el jitomate, el pepino, el cilantro y la menta.*

# POSTRES Y DULCES

## Higos a la parrilla con ricotta

Tiempo de preparación: 10 minutos
Tiempo total de cocción: 10 minutos
Porciones: 4

2 cucharadas de miel
1 raja de canela
3 cucharadas de almendras en hojuelas
4 higos frescos grandes (8 pequeños)
½ taza (125g) de queso ricotta bajo en grasa
½ cucharadita de extracto de vainilla
2 cucharadas de azúcar glass, cernida
1 pizca de canela en polvo
½ cucharadita de ralladura de cáscara de naranja

**1** En un sartén pequeño calentar la miel, la raja de canela y ⅓ de taza de agua, hervir y reducir a fuego bajo durante 6 minutos o hasta que espese y se haya reducido a la mitad. Sacar la canela y revolver con las almendras.

**2** Precalentar la parrilla y engrasar un refractario para horno grande y profundo. Cortar los higos en 4 partes (a lo largo) pero sin llegar a la base para no separarlos totalmente. Acomodarlos en el refractario.

**3** En un tazón pequeño revolver el ricotta, la vainilla, el azúcar glass, la canela y la ralladura de naranja. Dividir la mezcla entre los higos y rellenarlos. Verter encima el jarabe de miel. Ponerlos en el horno o en la parrilla y cocer hasta que empiece a salir jugo de los higos y las almendras estén ligeramente tostadas. Dejar enfriar de 2 a 3 minutos. Recoger con una cuchara las almendras que estén en el refractario y ponerlas en los higos. Servir.

VALOR NUTRICIONAL POR PORCIÓN
Grasa 5.5g;5.5g; Proteínas 5g; Carbohidratos 23.5g; Fibra dietética 2g; Colesterol 13mg; 680kJ (160cal)

*Cortar cada higo en 4 partes, a lo largo, sin separarlos completamente.*

*Rellenar los higos con la mezcla de ricotta y verter encima el jarabe de miel.*

## Corazón a la crema con moras

Tiempo de preparación: 20 minutos + tiempo para refrigerar
Porciones: 4

**100g de queso ricotta bajo en grasa**
**65g de queso crema light**
**65g de crema light**
**2 cucharadas de azúcar glass**
**1 clara de huevo**
**170g de moras mixtas (fresas, zarzamoras, frambuesas)**
**azúcar glass extra para decorar**

**1** Batir el ricotta, la crema y el queso crema con una cucharada de azúcar glass hasta que se incorpore todo. En un tazón limpio batir la clara de huevo hasta que forme picos, revolver suavemente con una cuchara de metal con la mezcla de quesos.

**2** Forrar con manta de cielo 4 moldes de cerámica en forma de corazón y llenarlos con la mezcla de quesos, tapar con las orillas de la manta hasta cubrir, presionar ligeramente. Colocar los moldes sobre una charola y refrigerar mínimo 6 horas o, de preferencia, toda la noche.

**3** Licuar la mitad de las moras y el resto del azúcar hasta integrar. Colar.

**4** Para servir: Desmoldar un corazón sobre un plato, verter un poco de la salsa encima y poner unas moras a un lado. Espolvorear encima azúcar glass.

**VALOR NUTRICIONAL POR PORCIÓN**
Grasa 8g; Proteínas 6g; Carbohidratos 10g; Fibra dietética 1.5g; Colesterol 29g; 570kJ (135cal)

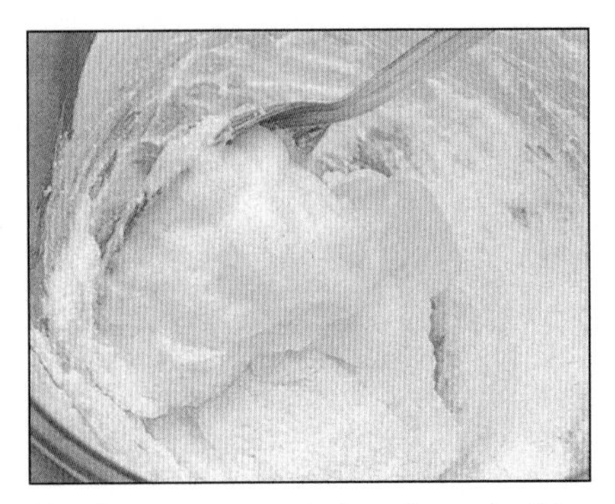

*Revolver suavemente las claras batidas con la mezcla de quesos.*

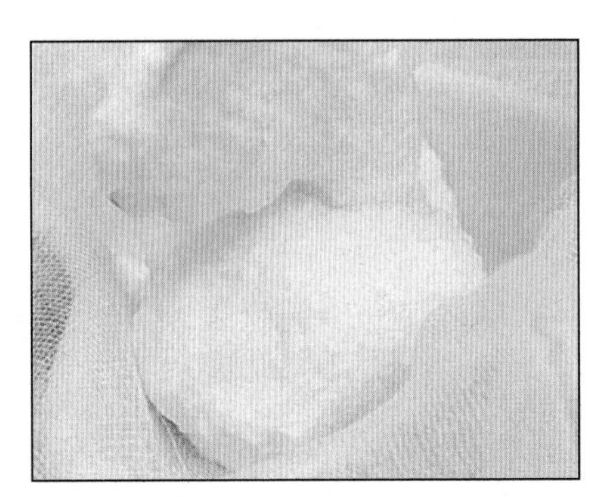

*Poner la mezcla en moldes con forma de corazón forrados con manta de cielo.*

*Licuar o procesar la mitad de las moras con el azúcar.*

## Sorbete de pera y manzana

Tiempo de preparación: 10 minutos + tiempo para congelar
Tiempo total de cocción: 10 minutos
Porciones: 4-6

4 manzanas verdes (o perones), peladas, descorazonadas y picadas
4 peras, peladas, descorazonadas y picadas
1 pedazo de cáscara de limón de 1.5x4cm
1 raja de canela
¼ de taza (60ml) de jugo de limón
4 cucharadas de azúcar extrafino
2 cucharadas de Calvados (opcional)

**1** En una olla profunda poner las manzanas y las peras con la cáscara de limón, la canela y agua suficiente para cubrir la fruta. Tapar y cocer a fuego medio-bajo durante 6 u 8 minutos o hasta que la fruta esté suave. Retirar la cáscara de limón y la canela. Licuar la fruta y el jugo de limón en el procesador hasta que todo esté integrado y suave.

**2** En una olla hervir ⅓ de taza (80ml) de agua con el azúcar, hervir y disminuir a fuego bajo, cocer durante 1 minuto. Agregar el puré de fruta y el licor, revolver bien.

**3** Verter la mezcla en una charola profunda de metal y congelar durante 2 horas o hasta que se congele de las orillas. Pasarla al procesador o a la licuadora y licuar hasta que esté suave. Verter otra vez a la charola de metal y regresar al congelador. Repetir 3 veces este proceso. Para la última vez que se congele poner la mezcla en un contenedor hermético –tapar la superficie con papel encerado y cerrar el refractario con la tapa. Servir en vasos de cristal o en tazones pequeños.

**VALOR NUTRICONAL POR PORCIÓN (6)**
Grasa 0.5; Proteínas 1g; Carbohidratos 42g; Fibra dietética 4.5g; Colesterol 0mg; 730kJ (175cal)

**NOTA**

El tiempo de cocción de las manzanas y de las peras varía dependiendo qué tan maduras estén.

Se puede poner un poco de Calvados sobre el sorbete antes de servir.

*Meter la punta de un cuchillo filoso para checar si la fruta está cocida.*

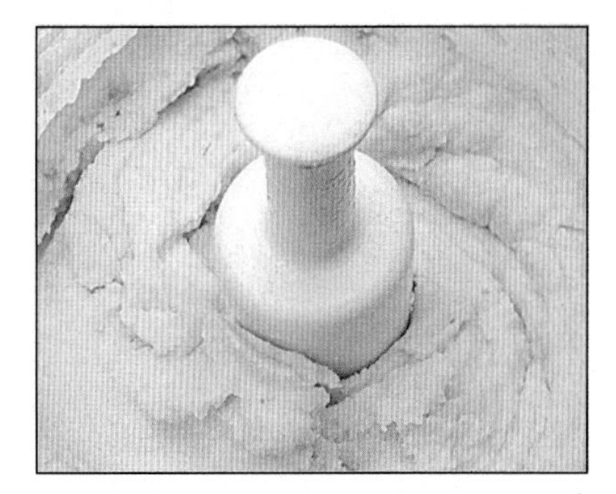

*Procesar la mezcla semi congelada en el procesador hasta que esté suave.*

## Pudín de chocolate y naranja

Tiempo de preparación: 15 minutos
Tiempo total de cocción: 35 minutos
Porciones: 4

2 cucharadas de cocoa en polvo
1 taza (125g) de harina
¼ de cucharadita de bicarbonato
60g de queso crema light
1 cucharadita de ralladura de cáscara de naranja
½ taza (125g) de azúcar glass
½ taza (125ml) de leche light
⅓ de taza (80ml) de jugo de naranja fresco, recién exprimido
½ taza (95g) de azúcar moscabado
1 cucharada de cocoa en polvo, extra
azúcar glass para espolvorear

**1** Precalentar el horno a 180°C (350°F). Cernir mínimo 2 veces la cocoa con el harina y el bicarbonato. Con una cuchara de madera revolver el queso crema, la ralladura de naranja y el azúcar glass hasta que todo esté integrado y suave.
**2** Agregar alternadamente la mezcla del harina y la leche con la cocoa. Incorporar el jugo de naranja. Verter la mezcla en 4 moldes individuales de 1 ¼ de taza (310ml).
**3** Revolver el azúcar moscabado con la cucharada extra de cocoa y espolvorear sobre los pudines. Verter ⅓ de taza (80ml) de agua hirviendo sobre el dorso de una cuchara en cada pudín. Colocar los moldes sobre una charola para horno y hornear durante 35 minutos o hasta que estén firmes. Espolvorear con un poco de azúcar glass y servir.

VALOR NUTRICIONAL POR PORCIÓN
Grasa 3.5g; Proteínas 6.5g; Carbohidratos 51.5g; Fibra dietética 1.5g; Colesterol 8.5mg; 1100kJ (265cal)

*Mezclar el queso crema, la ralladura de naranja y el azúcar hasta que esté suave.*

*Repartir la mezcla entre los moldes.*

*Verter el agua hirviendo sobre el dorso de una cuchara en cada pudín.*

*Batir la mezcla de huevo, harina, el jugo de limón y la ralladura y la pulpa de maracuyá hasta que se integre.*

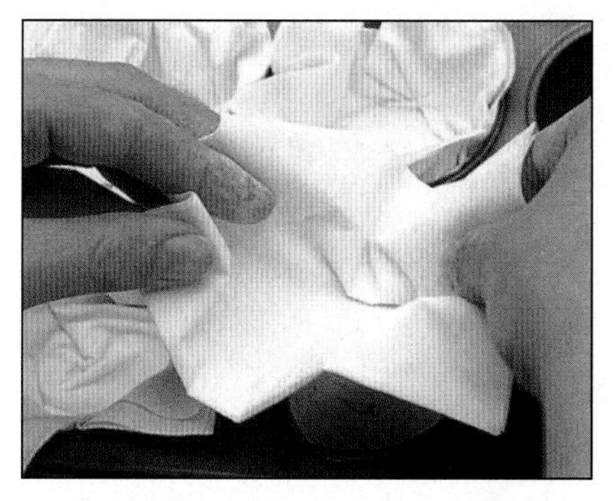

*Con cuidado acomodar un pedazo de pasta filo en cada molde para muffin.*

*Verter la mezcla de limón y maracuyá en cada pasta filo.*

## Tartas individuales de limón y maracuyá con frambuesas

Tiempo de preparación: 15 minutos
Tiempo total de cocción: 25 minutos
Porciones: 6

**60g de margarina baja en grasa**
**⅓ de taza (90g) de azúcar glass**
**2 huevos**
**2 cucharadas de harina cernida**
**¼ de cucharadita de bicarbonato**
**¼ de taza (60ml) de jugo de limón**
**1 cucharadita de ralladura de cáscara de limón**
**1 maracuyá, la pulpa**
**3 hojas de pasta filo**
**125g de frambuesas frescas**

**1** Precalentar el horno a 180°C (350°F). Batir la margarina y el azúcar hasta que esté suave y cremosa. Agregar los huevos, uno por uno, batir bien después de cada adición.

**2** Añadir el harina, el jugo y la ralladura de limón y la pulpa de maracuyá, batir hasta que se combine bien.

**3** Doblar cada hoja de pasta filo a la mitad. Doblar otra vez y cortar a la mitad. En una charola para 6 muffins de ½ taza acomodar con cuidado un pedazo de pasta en cada agujero. Verter la mezcla de limón y hornear durante 20 ó 25 minutos o hasta que cuaje. Poner unas frambuesas encima para servir. Se puede acompañar con un poco de crema light batida.

**VALOR NUTRICIONAL POR PORCIÓN**
Grasa 6g; Proteínas 3.5g; Carbohidratos 9g; Fibra dietética 2g; Colesterol 60mg; 435kJ (105cal)

*Batir el queso ricotta, el queso fresco, el azúcar y la vainilla hasta que estén suave.*

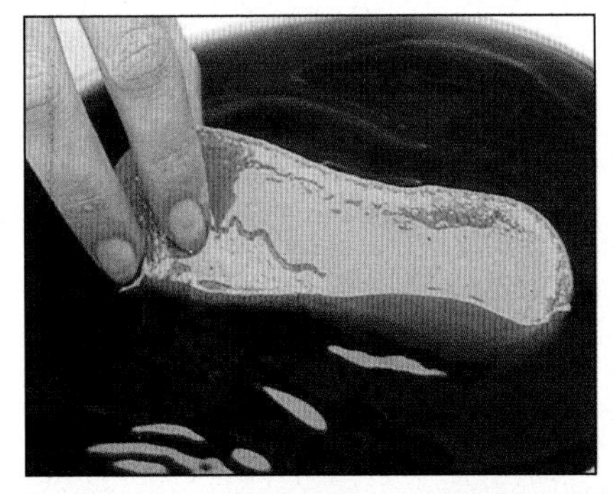

*Remojar las soletas en la mezcla de café y Marsala.*

*En un refractario acomodar en una capa la mitad de las soletas remojadas.*

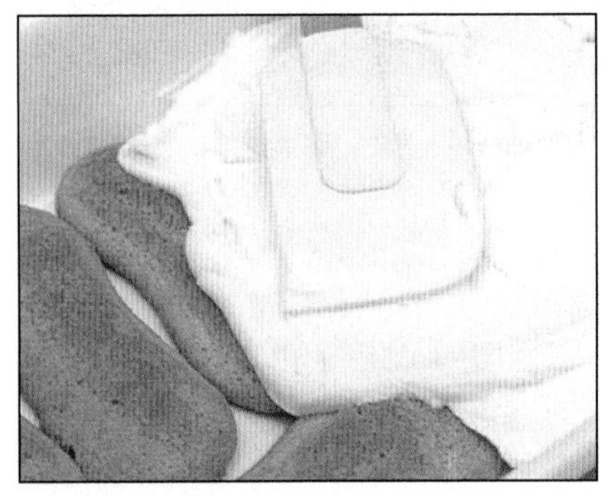

*Con una espátula untar la mitad de la mezcla de ricotta sobre las soletas.*

## Tiramisú

Tiempo de preparación: 20 minutos + tiempo para refrigerar
Porciones: 6

**500g de queso ricotta bajo en grasa**
**2 tubos de 200g de queso fresco**
**1 ½ cucharadas de azúcar extrafino**
**1 cucharadita de extracto de vainilla**
**¾ de taza (185ml) de café cargado recién hecho, frío**
**¾ de taza (185ml) de Marsala**
**250g de soletas**
**1 cucharada de cocoa en polvo sin azúcar**

**1** Con la batidora eléctrica batir el queso ricotta, el fromage frais, el azúcar y el extracto de vainilla hasta que esté suave. En un recipiente profundo combinar el café y el Marsala.

**2** Sumergir la mitad de las soletas en la mezcla de café, una por una, durante unos segundos hasta que ambos lados estén húmedos pero sin deshacerse. En un refractario (con capacidad para 2lt) acomodar en una capa la mitad de las soletas remojadas. Con una espátula untar la mitad de la mezcla de ricotta, poner otra capa con el resto de las soletas y untar el resto de la mezcla de ricotta.

**3** Tapar el refractario con plástico para cocina y refrigerar durante 6 horas o durante una noche de preferencia. Espolvorear con la cocoa el polvo antes de servir.

**VALOR NUTRICIONAL POR PORCIÓN**
Grasa 9.5g; Proteínas 18g; Carbohidratos 41.5g; Fibra dietética 0.5g; Colesterol 101.5mg; 1490kJ (355cal)

## Cheesecake de limón al horno

Tiempo de preparación: 10 minutos + 5 horas 30 minutos para refrigerar
Tiempo total de cocción: 45 minutos
Porciones: 8

100g de galletas dulces, molidas
75g de margarina, derretida
300g de queso ricotta bajo en grasa
200g de queso crema light
½ taza (125ml) de azúcar
1/3 de taza (80ml) de jugo de limón
2 cucharadas de ralladura de cáscara de limón
1 huevo
1 clara de huevo

**1** Precalentar el horno a 160°C (315°F). Engrasar un molde para pastel de aro desmoldable (de 18cm) y forrar la base con papel encerado. Revolver las galletas molidas con la margarina y forrar la base del molde presionando bien. Refrigerar por 30 minutos.
**2** En la batidora eléctrica batir el ricotta, el queso crema, el azúcar, el jugo de limón y 3 cucharaditas de ralladura de limón hasta que la mezcla esté suave. Incorporar el huevo y la clara de huevo.
**3** Verter la mezcla en el molde sobre la base de galleta y esparcir el esto de la ralladura de limón. Hornear durante 45 minutos –el centro debe estar ligeramente aguado. Dejar enfriar y refrigerar por lo menos durante 5 horas antes de servir.

VALOR NUTRICIONAL POR PORCIÓN
Grasa 15.5g; Proteínas 8g; Carbohidratos 26.5g; Fibra dietética 0.5g; Colesterol 52.5g; 1150kJ (275cal)

*Presionar la mezcla de galletas molidas y margarina en la base del molde.*

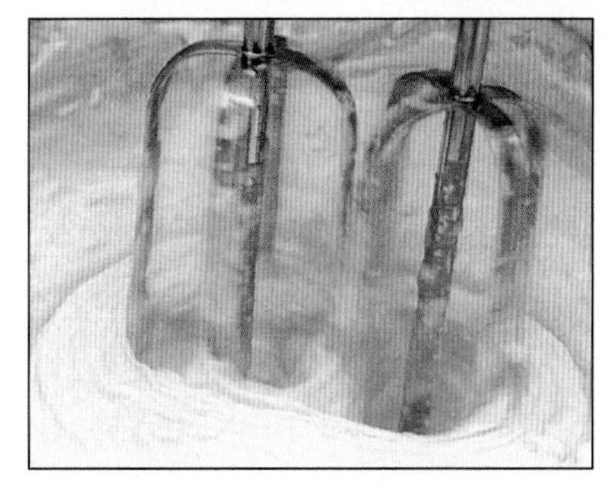

*Batir el ricotta, el queso crema, el azúcar, el jugo de limón y 3 cucharaditas de ralladura hasta que esté suave.*

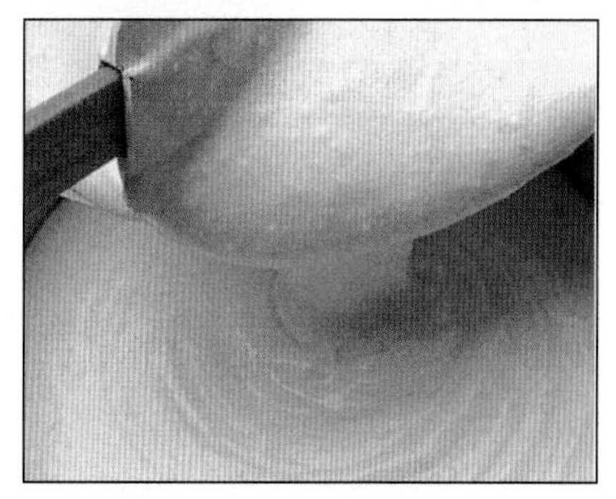

*Verter la mezcla en el molde sobre la base de galleta.*

## Brownies

Tiempo de preparación: 15 minutos
Tiempo total de cocción: 40 minutos
Porciones: 18

2 tazas (120g) de harina
1 de cucharadita de bicarbonato
½ (60g) taza de cocoa el polvo
1 ¼ de taza (230g) de azúcar moscabado
2 huevos
1 taza (250ml) de suero de leche (1 taza de leche y ½ cucharadita de limón)
2 cucharaditas de extracto de vainilla
2 cucharadas de aceite
azúcar glass, para espolvorear

**1** Precalentar el horno a 180°C (350°F). Engrasar un refractario de 28x18cm y forrar la base con papel encerado, dejar más grande el papel de los 2 lados más largos del molde.
**2** En un tazón cernir el harina, la cocoa, el bicarbonato y una pizca de sal, revolver con el azúcar. Batir los huevos, el suero de leche, la vainilla y el aceite en una jarra.
**3** Revolver suavemente la mezcla de los huevos con los ingredientes secos hasta que se combinen –no batir demasiado. Verter la mezcla en el refractario y hornear durante 40 minutos o hasta que el centro se marque al tocarlo ligeramente con el dedo. Dejar reposar en el refractario durante 5 minutos y desmoldar sobre una rejilla para dejar enfriar completamente.
**4** Para servir: Cortar en 18 cuadrados y espolvorear con azúcar glass. Se conserva hasta 3 días tapado en un recipiente hermético.

VALOR NUTRICIONAL POR BROWNIE
Grasa 3.5g; Proteínas 2.5g; Carbohidratos 19g; Fibra dietética 0.5g; Colesterol 21.5g; 485kJ (115cal)

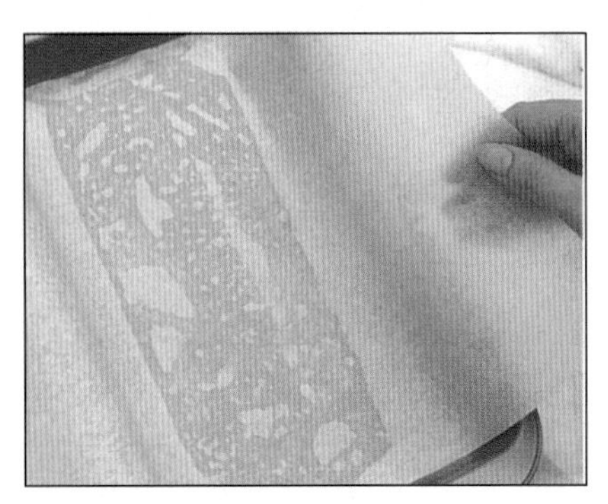

*Forrar un refractario con papel encerado, dejar más papel de los 2 lados más largos.*

*Revolver la mezcla de los huevos con los ingredientes secos hasta que se combinen.*

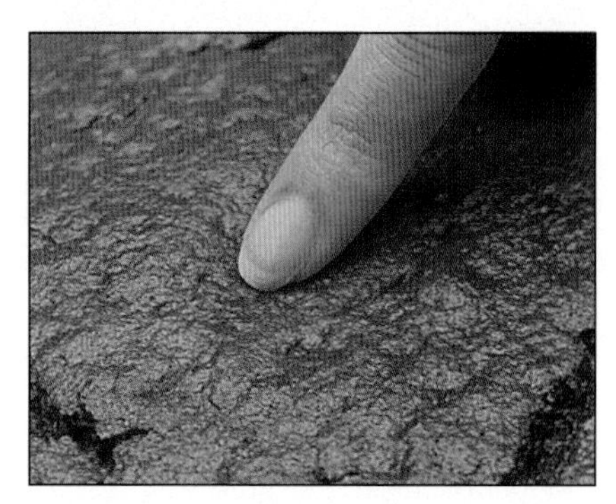

*Los brownies están cocidos si el dedo se marca al presionar ligeramente el centro.*

## Ice de mandarina

Tiempo de preparación: 10 minutos + tiempo para congelar
Tiempo total de cocción: 10 minutos
Porciones: 4-6

10 mandarinas
½ taza (125g) de azúcar extrafino

**1** Exprimir las mandarinas para obtener 2 tazas de jugo y colar.
**2** En una olla pequeña poner el azúcar y 1 taza (250ml) de agua, calentar a fuego bajo hasta que el azúcar se haya disuelto y dejar cocinar durante 5 minutos. Retirar del fuego y dejar enfriar un poco.
**3** Revolver el jugo de mandarina con el jarabe de azúcar y verter en una charola profunda de metal. Congelar durante 2 horas hasta que haya cuajado. Procesarlo en la licuadora o en el procesador hasta que se derrita un poco y regresar al congelador. Repetir este proceso 3 veces.

VALOR NUTRICIONAL POR PORCIÓN
Grasa 0g; Proteínas 0.5g; Carbohidratos 5.5g; Fibra dietética 0g; Colesterol 0mg; 105kJ (25cal)

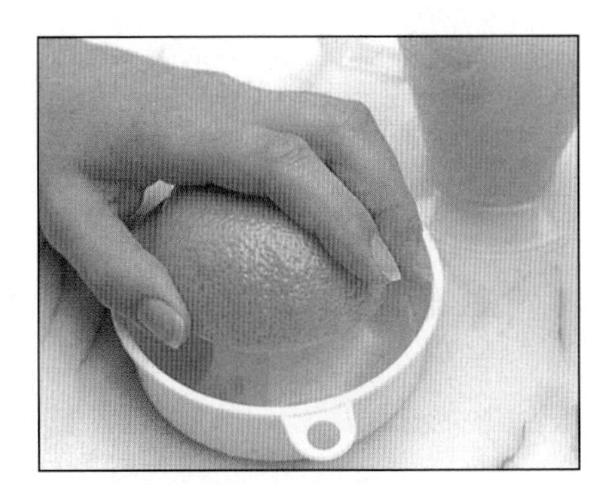

*Exprimir las mandarinas para obtener 2 tazas de jugo.*

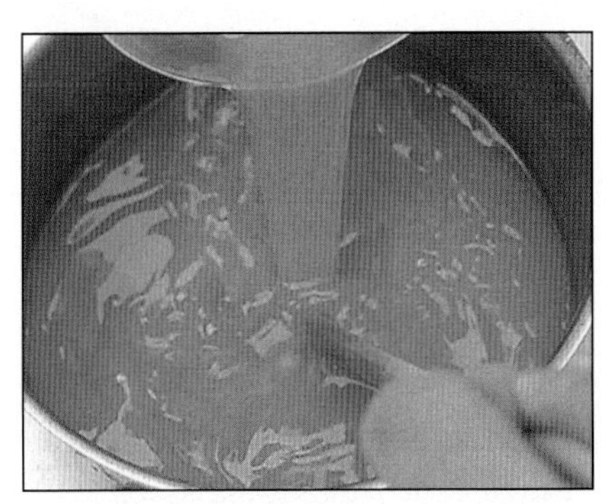

*Revolver el jugo de mandarina con el jarabe de agua y azúcar.*

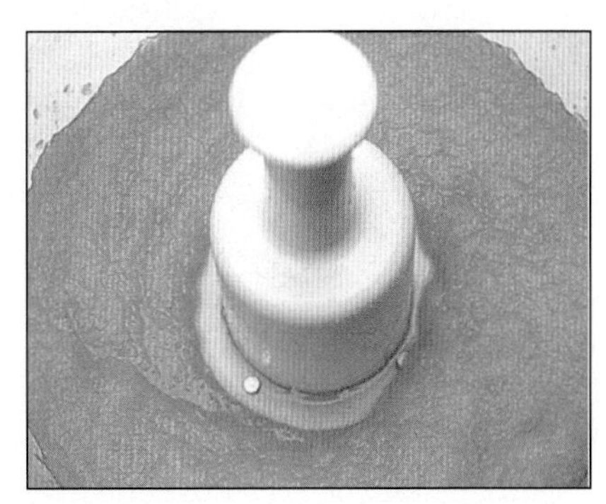

*Licuar o procesar la mezcla hasta que se derrita un poco.*

## Budín de chabacano y mantequilla

Tiempo de preparación: 10 minutos
Tiempo total de cocción: 1 hora 25 minutos
Porciones: 6-8

4 rebanadas gruesas de pan multigrano
1 cucharada de margarina baja en grasa
2 cucharadas de mermelada de chabacano
¼ de taza (40g) de pasas
425g de chabacanos en lata, en mitades y colados
2 ½ tazas (625ml) de leche light
½ vaina de vainilla
2 huevos
2 cucharadas de azúcar extrafino
nuez moscada fresca para espolvorear

**1** Precalentar el horno a 160°C (315°F). Untar uno de los lados del pan con margarina y mermelada, dejar las costras intactas. En la base de un refractario rectangular con capacidad para 2 litros esparcir la mitad de las pasas. Cortar los panes a la mitad y acomodarlos en el refractario con la mermelada hacia arriba. Cubrir con los chabacanos de lata y el resto de las pasas.

**2** En una olla verter la leche. Abrir la vaina de vainilla por la mitad, raspar las semillas, añadirlas a la leche y agregar la vaina. Calentar hasta que casi hierva. Colar. Batir en un tazón los huevos y el azúcar hasta que estén espesos y de tono amarillo pálido. Añadir despacio a la leche batiendo constantemente. Colar la mezcla y verter sobre el pan. Espolvorear un poco de nuez moscada. Colocar el refractario sobre una charola con agua hirviendo (el nivel del agua debe llegar a la mitad del refractario). Hornear durante 1 hora 20 minutos o hasta que la costra cuaje.

VALOR NUTRICIONAL POR PORCIÓN (8)
Grasa 2.5g; Proteínas 6.5g; Carbohidratos 27g; Fibra dietética 2g; Colesterol 47.5mg; 660kJ (155cal)

*Esparcir el resto de las pasas encima de las rebanadas de pan.*

*Colar la leche para separar la vainilla.*

*Poner el refractario en un charola para hornear con suficiente agua hirviendo para que llegue a la mitad del refractario.*

## Ensalada de frutas rojas con moras

Tiempo de preparación: 5 minutos
+ 30 minutos para enfriar
+ 1 hora 30 minutos para refrigerar
Tiempo total de cocción: 5 minutos
Porciones: 4

*Jarabe*
¼ de taza (60g) de azúcar
½ taza (125ml) de vino tinto seco
1 anís
1 cucharadita de ralladura de cáscara de limón
250g de fresas, sin rabo y a la mitad
150g de mora azul
150g de frambuesas o zarzamoras
250g de cerezas
5 ciruelas rojas (de aproximadamente 250g), sin hueso y en cuartos
yogurt bajo en grasa para servir

**1** Para hacer el jarabe poner en una olla pequeña el azúcar, el anís, el vino, la ralladura de limón y ½ taza (125ml) de agua. Hervir a fuego medio revolviendo hasta que se disuelva el azúcar. Hervir por 3 minutos y retirar del fuego para que se enfríe durante 30 minutos. Colar.

**2** En un tazón mezclar la fruta y verter el jarabe de vino, refrigerar durante 1 hora 30 minutos. Servir la fruta aderezada con el jarabe y un poco de yogurt.

VALOR NUTRICIONAL POR PORCIÓN
Grasa 0.3g; Proteínas 2g; Carbohidratos 23.5g; Fibra dietética 4.5g; Colesterol 0mg; 500kJ (120cal)

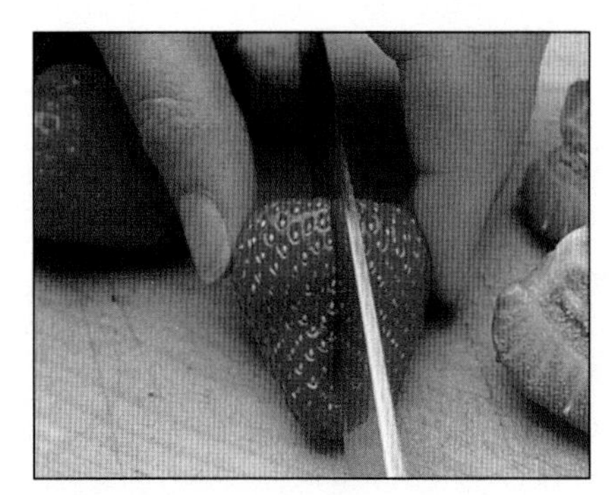

*Quitar los rabos y cortar las fresas a la mitad.*

*Hervir el azúcar, el vino, el anís, la ralladura de limón y el agua durante 3 minutos.*

*Mezclar las fresas, las moras azules, las frambuesas, las cerezas y las ciruelas.*

1 CM 2 CM 3 CM 4 CM 5 CM 6 CM 7 CM 8 CM 9 CM 10 CM 11 CM 12 CM 13 CM 14 CM 15 CM 16 CM 17 CM 18 CM 19 CM 20 CM 21 CM 22 CM 23 CM 24 CM 25 CM

# Información útil

### Guía de conversiones

| | |
|---|---|
| 1 taza | = 250 ml (8 fl oz) |
| 1 cucharadita | = 5 ml |
| 1 cucharada | = 20 ml (4 cucharaditas) |
| 1 cucharada (Estados Unidos, Inglaterra) | = 15 ml (3 cucharaditas) |

**Nota:** la medida de las cucharadas que usamos es de 20 ml; pero si tú utilizas la cucharada cuya medida es de 15 ml, la diferencia no se percibirá en la mayoría de las recetas. No obstante, las recetas en las que se requiere gelatina, bicarbonato de sodio y pequeñas cantidades de harina de maíz, añade una cucharadita extra de la especificada.

### Medidas para sólidos

| | | |
|---|---|---|
| 7 g = ¼ oz | 90 g = 3 oz | 250 g = 8 oz |
| 15 g = ½ oz | 100 g = 3 ½ oz | 300 g = 10 oz |
| 30 g = 1 oz | 125 g = 4 oz | 350 g = 11 oz |
| 40 g = 1 ¼ oz | 150 g = 5 oz | 400 g = 12 oz |
| 45 g = 1 ½ oz | 160 g = 5 ½ oz | 450 g = 13 oz |
| 50 g = 1 ¾ oz | 175 g = 6 oz | 500 g = 1 lb |
| 60 g = 2 oz | 200 g = 6 ½ oz | 1 kg = 2 lb |
| 75 g = 2 ½ oz | 225 g = 7 oz | 1.5 kg = 3 lb |

### Medidas para líquidos

| | |
|---|---|
| 30 ml = 1 fl oz | 185 ml = 6 fl oz |
| 60 ml = 2 fl oz | 200 ml = 6 ½ fl oz |
| 80 ml = 2 ¾ fl oz | 250 ml = 8 fl oz |
| 100 ml = 3 ½ fl oz | 375 ml = 12 fl oz |
| 125 ml = 4 fl oz | 500 ml = 16 fl oz |
| 170 ml = 5 ½ fl oz | 875 ml = 28 fl oz |

### Medidas lineales

1 cm = ½ in
2.5 cm = 1 in
3 cm = 1 ¼ in
4 cm = 1 ½ in
10 cm = 4 in
18 cm = 7 in

### Conversiones

| | | | | |
|---|---|---|---|---|
| ½ taza | = | 125 | ml | (líquidos) |
| ½ taza | = | 40 | g | (sólidos) |
| ⅓ taza | = | 50 | g | (sólidos) |
| ⅓ taza | = | 80 | ml | (líquidos) |
| ¼ taza | = | 60 | ml | (líquidos) |
| ¼ taza | = | 7 | g | (sólidos) |
| ⅔ taza | = | 170 | ml | |
| ¾ taza | = | 185 | ml | (líquidos) |
| ¾ taza | = | 75 | g | (sólidos) |
| 1 taza | = | 250 | ml | |
| 1 ½ tazas | = | 375 | ml | |
| 1 ⅔ tazas | = | 410 | ml | |
| 2 tazas | = | 500 | ml | |
| 3 ½ tazas | = | 875 | ml | |

### Temperaturas de horno

Los tiempos de cocción pueden variar ligeramente según el tipo de horno que uses. Antes de que precalientes el horno, te sugerimos que consultes el instructivo para que controles bien la temperatura

| | °C | °F | Marca de gas |
|---|---|---|---|
| Muy bajo | 120 | 250 | ½ |
| Bajo | 150 | 300 | 2 |
| Tibio | 170 | 325 | 3 |
| Moderado | 180 | 350 | 4 |
| Moderado alto | 190 | 375 | 5 |
| Moderado alto | 200 | 400 | 6 |
| Alto | 220 | 425 | 7 |
| Muy alto | 230 | 450 | 8 |

**Nota:** en caso de que tu horno tenga ventilador, consulta el manual de uso; pero por regla general, la temperatura se elige con 20°C menos de lo que se indica en la receta.

### Medidas para hierbas

| | | | |
|---|---|---|---|
| ½ | taza | = | 15 g |
| ⅓ | taza | = | 20 g |
| ¾ | taza | = | 25 g |
| 1 ¼ | tazas | = | 50 g |